Stimmt! 3 ROT

Rachel Hawkes

Michael Spencer

PEARSON

Published by Pearson Education Limited, Edinburgh Gate,
Harlow, Essex, CM20 2JE.

www.pearsonschoolsandfecolleges.co.uk

Text © Pearson Education Limited 2014
Edited by Melanie Birdsall
Typeset by Oxford Designers and Illustrators Ltd
Original illustrations © Pearson Education Limited 2014
Illustrated by KJA Artists, Beehive Illustration (Clive Goodyer),
Oxford Designers and Illustrators and John Hallett
Cover photo © Pearson Education Limited: Jörg Carstensen

The rights of Rachel Hawkes and Michael Spencer to be identified as authors of this
work have been asserted by them in accordance with the Copyright, Designs and
Patents Act 1988.

First published 2014

2024
13

British Library Cataloguing in Publication Data
A catalogue record for this book is available from the British Library

ISBN 978 1 447 93524 7

Printed in Great Britain by Bell and Bain Ltd, Glasgow

All audio recorded at Alchemy Post for Pearson Education Ltd

With thanks to Rowan Laxton at Alchemy Post and Camilla Laxton at Chatterbox
voices, Britta Gartner, Walter Bohnacker and our cast (Alice Andreic, Carlos
Bismarck, Franziska Wulf, Hannah Robertson, Jakob Kraeulte and Johannes
Kraeulte).

Additional music from Audio Network: Kapitel 2, Einheit 1: (2) Gareth Johnson (PRS);
(3) Dave James (PRS); (8) Igor Dvorkin (PRS) and Ellie Kidd (PRS); (9) Chris Blackwell
(PRS) Kapitel 2, Einheit 3: (1) Christian Marsac (PRS); (2) Chris Blackwell (PRS); (3)
Dave James (PRS), Adam Skinner (PRS) & Dan Skinner (PRS); (4) Gareth Johnson
(PRS)

Additional SFX in Kapitel 2, Einheit 2: sound-effects-library.com
(1) Essential SFX, (3) Break Beats, (4, 7 & 8) Sound Ideas, (5 & 6) Architect of Sound;
(2) Soundrangers, Inc.

Songs recorded at Alchemy Post for Pearson Education Ltd; composed and
arranged by Charlie Spencer of Candle Music.

Acknowledgements

'Foto-Tricks' text in Kapitel 1 adapted with kind permission of Helene Kalinowsky /
jolie.de. 'Komm gib mir deine Hand' song text in Kapitel 2 used with kind permission
of Camillo Felgen. 'Jodeln' comic strip in Kapitel 2 used with kind permission of
Stefan Salzgeber.

The author and publisher would like to thank the following individuals and
organisations for permission to reproduce photographs:

(Key: b-bottom; c-centre; l-left; r-right; t-top)

123RF.com: chris brignell / Monkey Business Images / Veer / Corbis 104 (5); akg-
images Ltd: ullstein bild 28 (d); Alamy Images: Bob Pardue - SC 116r (1), Cultura
Creative (RF) 62tr, Horizons WWP 102 (Feet), Jonathan Goldberg 125cl, Mar
Photographics 11cl, Outdoor-Archiv 72bl, PYMCA 36, RABOUAN Jean-Baptiste
/ hemis.fr 82, RayArt Graphics 106 (b); Bridgeman Art Library Ltd: Hamburger
Kunsthalle, Hamburg, Germany 52br, 53cl, Private Collection 52bl, 53cr, Private
Collection / Arkivi UG 6, Private Collection / Photo © Christie's Images 52tl, 52tr,
Van der Heydt Museum, Wuppertal, Germany 64bc; Corbis: 64 / Ocean 39, Daniel
Karmann / dpa 15cl, Julian Stratenschulte / dpa 15cr; DK Images: Steve Gorton 104l
(1); Fotolia.com: 21051968 95r, Alex 72br, Ben Keith 104 (c), bzyxx 40tr, charles
taylor 76 (a), Coka 72cl, djedzura 76 (b), DOC RABE Media 48br, EasyRider 61tr,
Elenathewise 73cl, Ferrante Pietro 116l (2), FOOD-pictures 116l (1), goodluz 38,

Jakub Cejpek 67, jjgerber 102 (Football), Juulijs 28 (b), LilGraphie 123, Maisna
104 (b), Marco2811 102 (Book), Maridav 54 (8), Masson 64tl, micromonkey 128t,
Nolte Lourens 102 (Grandmother), rgbspace 34cl, Sabphoto 77tl, soleg 89 (a),
Subbotina Anna 17bc, surpasspro 26cl, thungsarnphoto 89 (d), toshket 99; Getty
Images: AFP 38tr, 73cr, 97 (b), AFP / Robert Michael 12tr, Blend Images / Jon
Feingersh 34cr, 35br, E + / Nikada 37, E+ / arne thaysen 97b, FilmMagic / Fred Duval
75r, FilmMagic / Jason LaVeris 26cr, Flickr Vision / Denis Prezat 12 (2), G. Gershoff
97 (f), Gareth Cattermole 97 (a), Image Source 40br, Paul Warner 97 (e), Quinn
Rooney 12tl, Redferns / K&K Ulf Kruger OHG 28b, Thinkstock / Eyecandy Images
15br, Universal Images Group 75l; Heim-Spiele Sport•Strategie•Marketing: 15tr,
15c; iStockphoto: Luis Abrantes 29 (b); Joanne K. Rowling, Harry Potter und der
Halbblutprinz, Illustration: Sabine Willharm © der deutschen Ausgabe: Carlsen
Verlag GmbH, Hamburg 2005: 89 (b); Mary Evans Picture Library: 65; Masterfile
UK Ltd: 107 (b), Bryan Reinhart 80tl; Mirrorpix: 58r (a); Pearson Education Ltd: Jon
Barlow 57tl, 104 (f), 111, 127 (g), Jörg Carstensen 80tr, 104 (d), Jules Selmes 31tc,
31tr, Rob Judges 57tr, Studio 8 77tc, 107 (f), 129tl; Photolibrary.com: Comstock
Images 51; Photos.com: AndrewLam 43bl, dennisvdw 29 (a), Ekaterina Lin / Xalanx
/ Veer / Corbis 62bl, Jupiterimages 34tl, LuminaStock 101tl; Plan International
Deutschland e.V.: 129cr, Jane Hahn 129c; Press Association Images: AP 97 (d), AP
/ Matt Dunham 53br, DPA / Jörg Carstensen 8 (c), EMPICS Entertainment / Doug
Peters 58l (a), PA Archive / Sean Dempsey 18br;PunchStock: Rubberball 16bl,
17tr; Rex Features: 28 (c), 58r (b), 105 (a), Agencia EFE 58l (b), Andy Paradise / The
Independent 16br, APA- PictureDesk GmbH 117tr, Broadimage 26c, Charles Sykes
7cr, Daily Mail 58r (d), Dan Wooller 105 (d), David Fisher 10bl, 18c, 105 (c), Doug
Blaine 54 (2), East News 117tl, Everett Collection 58l (c), 58r (c), 74tr, Fayolle Pascal
/ SIPA 7bl, Goncola Silva / NurPhoto 7tl, James D. Morgan 8 (a), Ken McKay 8 (d), 8
(e), 58l (d), 105 (b), Leandro Justen / BFANYC.com 9, Mauro Carraro 74tl, McPix Ltd
8 (f), Mike Carling / Sport Relief 18bc, Picture Perfect 6tr, Richard Young 43tr, Sipa
Press 6cl, 16cr, 74bl, Steve Meddle 8 (b), 117tc, The World of Sports SC 97 (c), Today
74br; Science Photo Library Ltd: Cooper 116c (1); Shutterstock.com: Ami Parikh
76 (c), arek_malang 16cl, 17tc, ariadna de raadt 60l (a), attem 94, Baloncici 107b
(g), bikeriderlondon 10tr, Brian Chase 34bl, Chris Fourie 116l (6), CREATISTA 102
(Moses), Dmitry Bruskov 107t (g), EDHAR 104 (6), f9photos 107 (e), FeatureFlash 12
(3), 12 (4), 12 (5), Fedor Selivanov 60 (g), Galina Barskaya 77tr, iurii 54 (4), Jagodka
116l (3), Joggie Botma 54 (3), Jorg Hackemann 54 (7), Kjersti Joergensen 104r (1),
Kzenon 29 (d), Lance Bellers 104r (2), Lisa F. Young 104 (4), Liz Van Steenburgh
107b (a), luminouslens 104 (3), Maridav 124r, michaeljung 17bl, Paul Banton 116c (6),
Pavel L Photo and Video 73tl, Photographee.eu 107 (c), Poznyakov 43cr, Rido 60r
(a), Rus S 11cr, s_bukley 12 (1), StockLite 16tr, Tsian 30tc, Tyler Olson 95l, Vacclav
60 (b), vera-g 107t (a), Vibrant Image Studio 102 (Bus), wavebreakmedia 106 (f),
yampi 102 (House); Sozaijiten: 102 (SKiing);Thinkstock: Bart_Kowski 116r (5), diego
cervo 60 (c), Ellende 60 (d), gielmichal 107 (d), Howard Shooter 97 106
(d), Juho Ruohola 116l (4), Jupiterimages 60 (f), 116c (3), Leopardinatree 116r (6),
LuckyBusiness 16tl, 17tl, Maridav 103, Purestock 121, Robert Vautour 125cr, Thomas
Northcut 60 (e); TopFoto: ArenaPAL / Sisi Burn 28 (e), The Granger Collection New
York 28 (a); Veer / Corbis: Andi Pu 72tr, Andrey Kravchenko 116r (4), Andy Dean
76 (d), Blakeley 116c (4), clearviewstock 106 (a), Digital press 125b, ecopic 118r,
eriklam 116r (3), Galina Barskaya 31tl, 72tl, Galyna Andrushko 54 (6), 124l, Godfer
104 (e), Greg Epperson 55, H2Oone 116l (5), Hasenonkel 30tl, haveseen 119, hfgn8
116r (2), homestudio 89 (f), Jonmilnes 54 (1), jorisvo 60 (h), Kamil Macniak 29 (c),
krsmanovic 60 (j), lesser 106 (c), leungchopan 106 (e), Lisafx 128b, naumoid 76
(e), p.studio66 54 (5), PicsFive 89 (c), Robert Kneschke 61cl, Robert Marmion 101tr,
Sergey Korotkov 19, Sergey Novikov 118l, Serghei Platonov 116c (2), Sinisa Botas
60 (i), Tal Revivo 26tr, Tom Wang 104 (a), tuja66 30tr, urfin 116c (5), william87 17br,
windu 104l (2); www.imagesource.com: 72cr, Cultura RF 34tr, 35bl

All other images © Pearson Education Limited

Every effort has been made to trace the copyright holders and we apologise
in advance for any unintentional omissions. We would be pleased to insert the
appropriate acknowledgement in any subsequent edition of this publication.

Pearson Education Limited is not responsible for the content of any external
internet sites. It is essential for tutors to preview each website before using it in
class so as to ensure that the URL is still accurate, relevant and appropriate. We
suggest that tutors bookmark useful websites and consider enabling students to
access them through the school/college intranet.

Contents – Inhalt

1 Finde den **falschen** Satz für jede Person.

a Er ist Formel-1-Rennfahrer und hat die Weltmeisterschaft gewonnen.

b Er kommt aus Hamburg, aber wohnt in Paris.

c Er ist ein international bekannter Modedesigner und Fotograf.

KARL LAGERFELD

a Er ist ein Extremsportler aus Österreich.

b Er ist aus einer Höhe von 39 Kilometern auf die Erde gesprungen.

c Er ist Bundespräsident von Deutschland.

Felix Baumgartner

a Elisabeth Amalie Eugenie ist am 24. Dezember 1837 in München geboren.

b Sie war eine berühmte Sängerin.

c Sie hat 1854 den österreichischen Kaiser Franz Joseph 1 geheiratet.

KAISERIN ELISABETH (SISI)

④

ANGELA MERKEL

a Sie ist eine berühmte Schauspielerin aus der Schweiz.
b Sie ist Politikerin und ist in Hamburg geboren.
c Sie ist im Jahre 2005 die erste Bundeskanzlerin geworden.

⑤

Cornelia Funke

a Sie ist eine deutsche Kinder- und Jugendbuchautorin.
b Sie hat 2012 eine Goldmedaille bei den Olympischen Spielen gewonnen.
c Sie hat die fantastische *Tintenwelt-Trilogie* geschrieben.

⑥

LARA GUT

a Sie ist eine Schweizer Skiläuferin und hat viele Medaillen gewonnen.
b Sie spricht Deutsch, Italienisch, Französisch, Englisch und Spanisch.
c Sie ist amerikanische Sängerin und ein berühmtes Model.

2 Kennst du berühmte Personen aus Deutschland, Österreich oder der Schweiz? Schreib die Tabelle ab und mach eine Liste.

Name	Land	Warum berühmt?	Weitere Informationen
Roger Federer	Schweiz	Tennisspieler	hat viele Tennisturniere gewonnen

1 Mein Vorbild

> Talking about role models
> Using the present tense

1 Wie heißen die Adjektive auf Englisch?
Beispiel: begabt – talented

begabt   reich   berühmt   bescheiden

erfolgreich   großzügig   originell   selbstbewusst   selbstlos   charismatisch

modest   talented   charismatic   rich   original

generous   selfless   successful   famous   self-confident

2 Hör zu. Welches Foto ist das und welche Adjektive passen? (1–6)
Beispiel: **1** c – charismatisch, berühmt

> Remember that **weil** (because) is so 'vile' that the verb moves away to the end of the sentence.

Jamie Oliver ist mein Vorbild, weil er <u>charismatisch</u> und <u>berühmt</u> ist.

Maria Sharapova

Bill Gates

Jamie Oliver

Dawn French

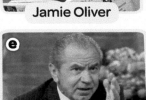
Lord Sugar

Jessica Ennis-Hill

3 Hör noch mal zu. Haben die Leute die gleiche Meinung?
Ja oder nein?
Listen again. Do the people agree with the opinion?
Beispiel: **1** Nein

4 Gruppenarbeit. Mach Dialoge.
Beispiel:

● *Wer ist dein Vorbild und warum?*
■ *Jessie J ist mein Vorbild, weil sie sehr begabt ist.*
◆ *Was? Du spinnst! Ich mag Jessie J nicht, weil ...*

> Remember some group talk phrases and use them yourself in exercise 4.

Ach was! Quatsch! Unsinn!
Du spinnst! Das stimmt nicht!

Das stimmt! Das finde ich auch.
Ich bin ganz deiner Meinung!

... ist mein Vorbild,	weil er weil sie	sehr zu nicht nie	arrogant begabt bescheiden großzügig launisch nervig	ist.
Ich liebe ...,				
Mein(e) Lieblingsschauspieler(in) ist ...,				
Meine(e) Lieblingssportler(in) ist ...,				
Ich mag ... nicht,				
Ich hasse ...,				

5 Finde die Paare. Schreib die Sätze auf.

1 Bradley Wiggins   a   läuft sehr schnell.
2 Brian May   b   fährt schnell Rad.
3 Billie Piper   c   singt viele Lieder.
4 Rihanna   d   liest die Nachrichten.
5 Mo Farah   e   ist oft im Fernsehen.
6 Fiona Bruce   f   spielt gut Gitarre.

Many adjectives can be used as adverbs to say how somebody does something.

*Er spielt **gut** Tennis.*
He plays tennis **well**.

*Sie fährt **schnell**.*
She drives **quickly**.

Grammatik > Page 22

Most verbs are regular in the present tense.

Some verbs are irregular in the **du** and **er/sie/es/man** forms.

The verb **sein** (to be) is very irregular – make sure you learn it.

	regular	irregular		very irregular
	sing**en** (to sing)	fahr**en** (to drive)	lesen (to read)	sein (to be)
ich	sing**e**	fahre	lese	**bin**
du	sing**st**	fä**hr**st	li**est**	**bist**
er/sie/ es/man	sing**t**	fä**hr**t	li**es**t	**ist**
wir	sing**en**	fahr**en**	lesen	**sind**
ihr	sing**t**	fahr**t**	lest	**seid**
Sie	sing**en**	fahr**en**	lesen	**sind**
sie	sing**en**	fahr**en**	lesen	**sind**

6 Partnerarbeit. Partner(in) A wählt eine Person; Partner(in) B muss raten.

Beispiel:

● *Wer bin ich?*
■ *Bist du sehr reich?*
● *Ja.*
■ *Spielst du gut Fußball?*
● *…*

Diane Abbott   Emeli Sandé

Daniel Radcliffe   Karren Brady

Nicola Adams   Wayne Rooney

Weitere Fragen:
- Bist du Sportler(in)?
- Bist du Schauspieler(in)?
- Bist du im Fernsehen?
- Bist du Musiker(in)?

You've seen verbs in the **er/sie/es** form (3rd person). You now need to use them in the **du** form. Run through them in your mind and formulate them in the **du** form before doing exercise 6.
And remember to turn the subject and verb round in questions.

7 Schreib ein paar Sätze über dein Vorbild und finde ein Foto von ihm/ihr.

- Warum ist er/sie dein Vorbild?
- Was macht er/sie?
- Wie ist er/sie?

Beispiel:

Mein Vorbild ist Rihanna, weil sie so originell ist.
Rihanna singt sehr gut – sie ist so begabt! Rihanna
ist auch reich und …

8 Präsentiere dein Vorbild. Benutze deinen Text aus Aufgabe 7 zur Hilfe.

In meinem Leben ...

> Talking about experiences
> Using the perfect tense

1 Hör zu und lies die Sätze. Wer sagt das? (1–5)
Beispiel: **1** e, c

Was hast du in deinem Leben gemacht?

Ich habe ...

a mit Kindern gearbeitet.

b Leute glücklich gemacht.

c interessante Erlebnisse gehabt.

h Biologie studiert.

d viele Preise gewonnen.

g viel trainiert.

f viel Geld verdient.

e viele Länder gesehen.

Ich bin ...

i nach Afrika gefahren.

j berühmt geworden.

2 Partnerarbeit. Was ist wichtig für dich? Ordne die fünf wichtigsten Aussagen aus Aufgabe 1 und besprich sie mit deinem Partner/deiner Partnerin.
What is important for you? Write down in order your top five statements from exercise 1, then discuss with your partner.

Beispiel:

- ● *Was ist für dich die Nummer 1?*
- ■ *„Ich habe Leute glücklich gemacht." Und für dich?*
- ● *Für mich ist die Nummer 1 „Ich habe viel Geld verdient."*
- ■ *Ach, das ist für mich die Nummer 4.*

3 Schreib einen kurzen Text über dein Vorbild. Schreib in der *ich-Form.*
Beispiel:

Mein Name ist Rowan Atkinson.
Ich bin Schauspieler und Komiker.
Ich bin erfolgreich, charismatisch und ...
In meinem Leben habe ich Leute glücklich gemacht.
Ich bin sehr berühmt geworden und ...

> If you need to use the perfect tense of other verbs and want to check the past participle, you could use a dictionary to help you.
> If the verb is **irregular** the dictionary will show the past participle. E.g.
> **studieren** (verb) (**past participle:** (hat) studiert)

Grammatik
> Page 23

Use the perfect tense to talk about things that happened in the past. It is made up of two parts – the **auxiliary** (**haben** or **sein**) and the <u>past participle</u> (e.g. **ge**mach**t** or **ge**fahr**en**).

	machen (to do)	fahren (to go)
ich	**habe** <u>gemacht</u>	**bin** <u>gefahren</u>
du	**hast** <u>gemacht</u>	**bist** <u>gefahren</u>
er/sie/es/man	**hat** <u>gemacht</u>	**ist** <u>gefahren</u>
wir	**haben** <u>gemacht</u>	**sind** <u>gefahren</u>
ihr	**habt** <u>gemacht</u>	**seid** <u>gefahren</u>
Sie	**haben** <u>gemacht</u>	**sind** <u>gefahren</u>
sie	**haben** <u>gemacht</u>	**sind** <u>gefahren</u>

Most verbs that take **sein** involve movement from one place to another (e.g. **fahren**, **gehen**).

An exception: **werden** (to become) ➜ *sie ist* **geworden** (she became).

Some verbs, e.g. verbs beginning with **ge–**, **ver–** or ending in **–ieren**, do not add **ge–** to form the past participle, e.g.

gewinnen (to win) ➜ *du hast* **ge**wonnen (you won)
verdienen (to earn) ➜ *sie hat* **ver**dient (she earned)
train**ieren** (to train) ➜ *ich habe* train**iert** (I trained).

4 Hör zu und füll die Tabelle aus. (1–5)
Beispiel:

	Vorbild	Wie ist er/sie?	Was hat er/sie gemacht?
1	Jakob (Bruder)	lustig, …	
2			

 5 Hier sind neue Infinitive. Wie heißen sie auf Englisch?

1 erfinden   **3** segeln   **5** tanzen

2 schreiben   **4** singen   **6** verbringen

 Use a dictionary to check the meaning of the infinitives.

 6 Lies die Texte und finde die Verben aus Aufgabe 5 im Perfekt.

Elena

Elena (25 Jahre alt) ist charismatisch und selbstbewusst. Sie ist letztes Jahr mit diesem Schiff nach Amerika gesegelt. Sie hat sechs Wochen auf dem Schiff verbracht und hat jeden Tag ein tolles Blog über die Reise geschrieben. Die Mannschaft hat hart gearbeitet, aber die jungen Leute haben auch viel Spaß gehabt. Abends haben sie gespielt, gesungen und viel Fisch gegessen!

die Reise = voyage

Lukas

Lukas (28) ist kein normaler Sportler – er ist professioneller Tänzer. Er hat in vielen Ländern getanzt und letzten Sommer ist er nach China gefahren. Dort hat er wunderbare Tänzer gesehen und nach der Reise hat er mit seiner Tanzpartnerin einen neuen Tanz erfunden. Sie haben damit auf einer Tanz-Show einen wichtigen Preis gewonnen. Lukas ist so begabt … und jetzt auch ziemlich reich!

 7 Lies die Texte noch mal und beantworte die Fragen auf Deutsch.

1 Wie lange war Elena auf dem Schiff?
2 Wie hat sie Kontakt mit Familie und Freunden gehabt?
3 Was hat die Mannschaft abends gemacht? (3 Details)

4 Wohin ist Lukas letzten Sommer gefahren?
5 Was hat er nach der Reise gemacht?
6 Warum ist er jetzt reich?

 8 Wähl einen Text aus Aufgabe 6 aus und übersetze ihn ins Englische.

 9 Partnerarbeit. Beantworte die Fragen über ein Vorbild.

• Wer ist dein Vorbild? (Mein Vorbild ist …)
• Warum? Wie ist er/sie? (Er/Sie ist ein Vorbild für mich, weil er/sie …)
• Was hat er/sie gemacht? (Er/Sie hat … Er/Sie ist …)

3 Beweg dich!

> ➤ *Learning parts of the body*
> ➤ *Using the imperative*

1 Was ist das? Wie sagt man das auf Deutsch?
Beispiel: **1** der Kopf

der Körper

das Gesicht

Kristina Vogel

der Arm (die Arme)	das Knie (die Knie)	das Auge (die Augen)
der Bauch	der Kopf	das Kinn
das Bein (die Beine)	der Po	der Mund
der Fuß (die Füße)	der Rücken	die Nase
die Hand (die Hände)	die Schulter (die Schultern)	das Ohr (die Ohren)

 2 Hör zu und überprüfe. (1–15)

 3 Hör dir das Lied an und schreib die Körperteile auf. Dann sing mit und zeig auf die Körperteile!
Listen to the song and write down the parts of the body. Then sing along and point to the parts of the body.

4 Welcher Satz passt zu welchem Bild? Vorsicht! Drei Sätze haben keine Bilder.

a Das ist Daniel Craigs Nase.
b Das sind Justin Biebers Beine.
c Das ist Lady Gagas Nase.
d Das sind Emma Watsons Augen.

e Das ist Emma Watsons Mund.
f Das ist Bradley Wiggins' Fuß.
g Das sind Daniel Craigs Beine.
h Das ist Lady Gagas Mund.

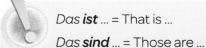

*Das **ist** … = That is …*

*Das **sind** … = Those are …*

You don't need an apostrophe to show possession in German unless the name ends in an **s** sound: *Das ist David**s** Fuß, Das ist Marku**s'** Fuß.*

5 Hör zu und lies. Wie heißen die Verben auf Englisch?
Beispiel: **1** stretch

Für alle Sportler sind Training und Aufwärmübungen sehr wichtig. Hier sind unsere zwölf Top-Tipps:

1 Streck die Arme und den Rücken nach links!

2 Streck die Arme und den Rücken nach rechts!

3 Beug die Knie!

4 Spring hoch!

5 Lauf vorwärts!

6 Lauf rückwärts!

7 Setz dich!

8 Leg dich auf den Rücken!

9 Heb langsam die Beine!

10 Steh auf!

11 Streck dich!

12 Vergiss nicht, Wasser zu trinken!

die Aufwärmübung(en) = warm-up exercise(s)   **wichtig** = important

The warm-up tips use the **imperative** to give instructions.
To form the imperative you have three options:

- For one person you know well, use the *du* form of the verb and remove the *–st* ending:
    springen (to jump) ➔ *du springst* ➔ **spring!** (jump!)
    Note: verbs that add an umlaut in the *du* form lose them in the imperative form:
    laufen (to run) ➔ *du läufst* ➔ **l̲a̲uf!** (run!)
- For more than one person you know well, use the *ihr* form of the verb:
    springen ➔ *ihr springt* ➔ **springt!**
- For people (one or more) that you don't know well, use the *Sie* form. Remember to put *Sie* after the verb:
    springen ➔ *Sie springen* ➔ **springen Sie!**

Grammatik

The instructions above include a **separable verb**, 'to stand up'.

When you give instructions, the prefix ('up') goes to the end:

*auf*stehen (to stand up) ➔ **steh *auf!*** (stand up!)

Some other verbs are **reflexive**, e.g. 'to stretch oneself'. The **reflexive pronoun** (*dich*) goes after the verb:

sich strecken (to stretch yourself) ➔ **streck dich!** (stretch yourself!)

6 Hör zu. Welche Tipps aus Aufgabe 5 hörst du? Was ist die richtige Reihenfolge?
Beispiel: 2, ...

7 Schreib Imperativsätze in der *du-Form*.

1 _____ sehr schnell! (laufen)
2 _____ laut! (singen)
3 _____ auf den Stuhl! (sich setzen)
4 _____ , bitte! (aufstehen)
5 _____ deine Jacke nicht! (vergessen)
6 _____ Fußball! (spielen)

8 Partnerarbeit. Du bist Fitnesstrainer. Mach ein Fitnessprogramm.

● *Wir machen ein Fitnessprogramm. Bist du fertig?*
■ *Ja, ich bin fertig.*
● *Also los! Musik, bitte! ... Heb die Hände ... streck dich nach links ...*

4 Ich hab's geschafft!

> ➤ Talking about overcoming misfortune
> ➤ More on the perfect tense

1 Hör zu und finde die Paare. (1–7)

Beispiel: **1** c

Was ist passiert? Was hast du gemacht?

1 Ich habe mir das Bein verletzt.
2 Ich habe einen Unfall im Schwimmbad gehabt.
3 Ich bin vom Rad gefallen.
4 Ich habe mir den Arm gebrochen.
5 Ich bin ins Krankenhaus gekommen.
6 Ich habe einen Monat im Rollstuhl verbracht.
7 Ich habe eine Medaille gewonnen.

a  **b**

c  **d**

e  **f**  **g**

Use the definite article in the accusative when talking about what you've broken or injured.

der Arm ➔ *Ich habe mir* **den** *Arm gebrochen.* (I broke my arm.)

die Schulter ➔ *Ich habe mir* **die** *Schulter verletzt.* (I injured my shoulder.)

das Bein ➔ *Ich habe mir* **das** *Bein verletzt.* (I injured my leg.)

To show whose body part it is, use:

mir (my)
dir (your)
sich (his/her)

Grammatik

Remember the perfect tense, which you saw in unit 2 of this chapter? Let's look again at the different types of verbs.

Verbs with **haben**:

Ich **habe** *... gehabt.* (I have had ...)

Verbs with **sein** (usually involve movement):

Ich **bin** *gefallen.* (I fell.)
Ich **bin** *ins Krankenhaus* **gekommen**. (I went to hospital.)

Some verbs, e.g. verbs beginning with **ge–** and **ver–**, do not add **ge–**, e.g.

gewinnen (to win) ➔ *ich habe* **ge**wonnen (I won)
verbringen (to spend (time)) ➔ *ich habe* **ver**bracht (I spent)

2 Hör zu und mach Notizen auf Englisch. Was ist passiert? (1–5)

Beispiel: **1** fell off bike and broke arm

3 Partnerarbeit. Sieh dir die Bilder an. Mach Dialoge.

Beispiel: **a**

a **b**

c **d**

● *Was ist passiert?*
■ *Ich habe mir das Bein verletzt und ich bin ins Krankenhaus gekommen.*

4 Hör zu und lies. Schreib die Infinitive der unterstrichenen Partizipien auf.
Try to work out the infinitive forms of the underlined past participles. Check them in a dictionary.

Markus Rehm ist im August 1988 geboren. Als Teenager war sein Hobby Wakeboarden, aber im Sommer 2003 hat er einen Unfall <u>gehabt</u>. Er ist ins Wasser <u>gefallen</u> und ein Boot hat den Jungen nicht <u>gesehen</u>. Markus hat sich sehr schwer das Bein <u>verletzt</u>.

Im Krankenhaus hat man sein rechtes Bein <u>amputiert</u> und er hat eine Prothese <u>bekommen</u>.

Im Sommer 2004 hat er wieder <u>begonnen</u>, Wassersport zu machen. Ein Jahr später ist er Deutscher Vize-Jugendmeister im Wakeboarden <u>geworden</u>.

Heute arbeitet Markus als Orthopädietechniker. Er trainiert auch – aber nicht Wakeboarden. Markus hat einen anderen Sport <u>gefunden</u>: den Weitsprung.

Er hat 2012 bei den Paralympischen Spielen für Deutschland die Goldmedaille im Weitsprung <u>gewonnen</u>. Sein Motto: „Ich lasse mich nicht behindern."

die Prothese = artificial limb
sich behindern lassen = to let yourself be disabled

5 Was ist die richtige Reihenfolge?
Beispiel: 3, ...

1 Er hat begonnen, Weitsprung zu machen.
2 Er hat sein Hobby weitergemacht.
3 Man hat sein rechtes Bein amputiert.
4 Er hat eine Medaille für sein Land gewonnen.
5 Er hat eine Prothese bekommen.
6 Er ist Vize-Jugendmeister im Wakeboarden geworden.

6 Schreib einen Bericht über Sonja.
- **1998** in Hamburg geboren
- **Hobby:** Skateboarden
- **2010** vom Skateboard gefallen; Arm schwer verletzt und amputiert; 6 Wochen Krankenhaus; Prothese bekommen
- **2011** Hochsprung trainiert
- **2014** Silbermedaille bei den Europäischen Jugendspielen gewonnen
- **Jetzt:** Training für die Paralympischen Spiele

Sonja

Use Markus Rehm's story to help you, but remember to use *ihr/ihre/ihren* (her) rather than *sein/seine/seinen* (his).

Sonja ist 1998 in Hamburg geboren. Ihr Hobby war …, aber im Sommer 2010 … und sie …

5 Lass dich inspirieren!

> Explaining how a role model inspires you
> Writing with accuracy

1 Hör zu und lies. Was bedeuten die hervorgehobenen Wörter?

What do you think the highlighted words mean?

die Krankenschwester = nurse

Thea

Meine Oma Hannelore inspiriert mich. Sie ist ein tolles Vorbild. Sie hat als Krankenschwester in Deutschland und im Ausland gearbeitet und ich werde mich bemühen, Ärztin zu werden. In zehn Jahren werde ich in Asien arbeiten.

Susanna

Ich möchte eine berühmte Schauspielerin wie Angelina Jolie werden. Sie hat viel Gutes in der Welt gemacht. Ich werde nächstes Jahr Theaterwissenschaften studieren und Tanzstunden nehmen. Ich werde auch Sport machen, weil Fitness sehr wichtig ist.

Lukas

Ich werde für Menschenrechte kämpfen, weil Nelson Mandela mein Vorbild ist, aber ich werde nicht Politiker werden. Ich werde hart arbeiten und ich werde in fünf Jahren viel Geld verdienen. Dann werde ich das Geld einer Hilfsorganisation spenden.

Grammatik

> Page 23

The future tense is formed with part of *werden* and an infinitive, which goes at the end of the sentence.

In its infinitive form, *werden* means 'to become' or 'to be':

*Ich werde Politiker **werden**.*
I will become a **politician**.

ich	werde	
du	wirst	+ infinitive
er/sie/es/man	wird	… machen
wir	werden	… sehen
ihr	werdet	… arbeiten
Sie/sie	werden	

2 Lies den Text noch mal. Wie sagt man das auf Deutsch? Wer sagt das?

Beispiel: **1** Ich werde hart arbeiten. Lukas

Beware of 'false friends'!
spenden = to donate

1 I will work hard.
2 I will do sport.
3 I will work in Asia.
4 I will earn a lot of money.
5 I will try hard to become a doctor.
6 I will fight for human rights.
7 I will take dancing lessons.
8 I will donate the money to an aid organisation.
9 I will study drama.
10 I will not become a politician.

3 Beantworte die Fragen auf Deutsch.

1 Wo hat Oma Hannelore als Krankenschwester gearbeitet?
2 Wann wird Thea in Asien arbeiten?
3 Was sagt Susanna über Angelina Jolie?
4 Wann wird Susanna Theaterwissenschaften studieren?
5 Was wird Lukas <u>nicht</u> tun?

4 Partnerarbeit. Wer bin ich? Wähl eine Person aus Aufgabe 1 aus. Dein(e) Partner(in) muss raten.

- ● *Ich werde arbeiten.*
- ■ *Bist du Lukas?*
- ● *Nein. Ich werde studieren.*
- ■ *Du bist …*

Thea   Susanna   Lukas

 5 Übersetze die Sätze ins Deutsche.
Beispiel: **1** Ich werde im Ausland arbeiten.

1 I will work abroad.

2 What will you study?

3 Next year, Kiera will make great films.

4 In five years, Harry will be a politician.

5 Jessica will never become a doctor.

6 Will you be successful in ten years?

 6 Lies die Fragen. Hör zu. Welche Frage wird beantwortet? (1–6)
Read the questions, then listen. Which question is being answered each time?

a Wer ist dein Vorbild?

b Was macht er oder sie?

c Warum ist er oder sie eine Inspiration für dich?

d Was hat er oder sie gemacht?

e Wie ist er oder sie?

f Was wirst du später machen?

7 Hör noch mal zu und überprüfe.

 8 Schreib ein Blog über Vorbilder. Benutze die Fragen aus Aufgabe 6 zur Hilfe.

Improve the level of your writing and make it more varied by following these tips.

- Adapt examples from this unit.
- Join sentences using *und*, *aber*, *weil*, … to improve the style and flow of your writing.
- Use qualifiers (*so*, *sehr*, …).
- Use time expressions to talk about your future plans (*in zehn Jahren werde ich …*).

Accuracy in spelling

- Remember the phonics you have learned and apply them. Sound the words out to help you (e.g. **V**orbild).
- Use capital letters for nouns (e.g. *Oma*, *Politiker*).
- Don't miss off umlauts (e.g. *berühmt*, *kämpfen*).

Accuracy in grammar

- Word order:
  - verb at the end after *weil*
  - infinitives at the end.
- Tenses – show that you can use past, present and future where appropriate.

6 Es geht um Rekorde!

1 Finde den richtigen Text für jedes Bild.

a Im Jahr 2012 ist sie mit dem Rad zum Südpol gefahren.

b Von 2008 bis 2013 war sie Blue-Peter-Moderatorin.

c Sie hat viel Geld für Wohltätigkeitsorganisationen gesammelt.

d Sie hat viele Abenteuer für die BBC-Kindersendung gehabt.

2 Hör zu, lies und sieh dir die Fotos an.

> Im Januar 2012 ist Helen Skelton mit dem Fahrrad zum Südpol gefahren. Man hat in Magazinen und Blogs über sie geschrieben.

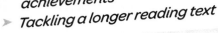

Helen Skelton: Vorbild für junge Leute

Reading for gist

- Don't try to understand every word straight away.
- Look for clues in headings, pictures and captions.
- Look for cognates, near-cognates and familiar words and phrases.
- Use links to words you already know in order to work out new vocabulary (e.g. *Rad – radeln; Abenteuer – Co-Abenteurer*).

Moderatorin radelt zum Südpol

Weltrekord für eine Wohltätigkeitsorganisation

2 Am 4. Januar ist die 28-jährige Helen Skelton mit einer ganzen Film-Crew zum Südpol gefahren. Die BBC-Moderatorin will für eine Sport-Wohltätigkeitsorganisation einen neuen Weltrekord aufstellen: die erste Fahrradfahrt zum Pol und die längste auf Schnee.

Polarexperten: wenig Chancen

3 Der berühmte Abenteurer Sir Ranulph Fiennes war am Südpol und auch am Nordpol. Er hat mit Helen trainiert. Er findet, sie ist stark, aber seiner Meinung nach ist es mit dem Fahrrad zu schwer in der Antarktis. Andere mokieren sich über sie: Biken auf Eis hat man schon gemacht, auch Laufen, Rollstuhlfahren, Skateboarden und andere Sportarten.

Helen Skelton und ihr Co-Abenteurer Niklas Norman ▲ fahren mit speziellen Schnee-Bikes durch die Antarktis.

Nicht unterschätzen

4 Kommt Helen Skelton zum Südpol und zurück? Vielleicht glaubt man es nicht, aber man sollte die junge Frau nicht unterschätzen. 2009 ist sie den Ultra-Marathon in Namibia gelaufen: 126 Kilometer in 23 Stunden und 45 Minuten.

5 Im Winter 2010 ist Helen im Kajak den Amazonas hinuntergepaddelt, von Peru bis Brasilien, 3230 Kilometer. Das waren zwei Weltrekorde: die längste Solo-Tour im Kajak und die längste Distanz für eine Frau in 24 Stunden.

6 2011 ist sie mitten in London 150 Meter weit und 68 Meter hoch über ein Hochseil balanciert. Mit diesem Akt hat sie 250.000 englische Pfund für eine Wohltätigkeitsorganisation gesammelt.

eine Wohltätigkeitsorganisation = charity

einen Weltrekord aufstellen = to set a world record

unterschätzen = underestimate

das Hochseil = high wire

3 Finde die passende Zahlen im Text.
Beispiel: **1** 2012

1 the year Helen went to the South Pole
2 Helen's age when she went to the South Pole
3 the year Helen completed an ultra marathon
4 the length of the ultra marathon (km)

5 the distance Helen kayaked down the Amazon (km)
6 the length of the high wire she crossed in London (m)

4 Finde alle Wörter im Text, die auf Deutsch und Englisch sehr ähnlich sind.
Find all the words in the text that are very similar in German and English (cognates and near-cognates).
Beispiel: Januar – January

5 Lies den Text noch mal. Beantworte die Fragen auf Englisch.

1 In paragraph 2 we learn that Helen Skelton wanted to do something for a sports charity. What did she want to do?
2 What part did a famous explorer play in the expedition? (paragraph 3)
3 Why was he not confident that she would succeed?
4 In paragraph 3 we are told that Helen's critics mocked her. Give three examples of things they said had already been done on ice.
5 Why should people not underestimate Helen Skelton? (paragraph 4)
6 How did she break two world records in 2010? (paragraph 5)
7 What did people sponsor her for in 2011? (paragraph 6)
8 What is your opinion of Helen's adventures?

 To help you understand the text:

- break words down (e.g. **Welt|rekord**)
- use what you know about grammar to work out …
  – what sentences mean
  – the tense
  – what part of a sentence a particular word is (e.g. verb, subject, object, adjective)
- make logical guesses based on the context.

6 Wähl einen Absatz aus Aufgabe 2 aus und übersetze ihn ins Englische.

Translating into English

- Look at the whole sentence (or even the whole paragraph) and get an idea of what it all means before you write anything down.
- Don't translate word for word. For example, *seiner Meinung nach* – 'his opinion after' makes no sense, so you need to look at the whole phrase and find a corresponding English phrase.
- Remember that word order is often different in German and English.
- After a first draft, look at your translation and read it out to yourself. Does it sound English? Think about how you can improve it without adding in extra information that was not in the German version.

I can…

1

● talk about role models	Mein Vorbild ist Mo Farah, weil er erfolgreich und begabt ist.
▪ use the present tense	Sie **fährt** nach München.
▪ use adverbs	Er läuft **schnell**.
⚡ use some group talk phrases	– Das stimmt! – Ach was! Quatsch!

2

● talk about experiences	Was hast du in deinem Leben gemacht? Ich habe viele Preise gewonnen.
▪ use the perfect tense with **haben** and **sein**	Ich **habe** Leute glücklich **gemacht**. Er **ist** nach Afrika **gefahren**.
▪ use the perfect tense with irregular past participles	Ich habe viel Geld verdient. Sie hat Biologie studiert.

3

● name parts of the body	Das ist der Kopf.
▪ use the **du** form of the imperative	Markus, **steh auf**! **Setz dich!**
▪ use apostrophes correctly to show possession	Davids Arm, Markus' Arm

4

● talk about overcoming misfortune	Was ist passiert? Ich habe einen Monat im Rollstuhl verbracht.
▪ use the perfect tense with **haben** and **sein**, including irregular past participles	Ich **habe** einen Unfall **gehabt**. Ich **bin** vom Rad **gefallen**.
▪ say that I've injured/broken something, using the definite article	Ich habe mir das Bein verletzt. Ich habe mir den Arm gebrochen.

5

● explain how a role model inspires me	Meine Oma inspiriert mich. Sie ist ein tolles Vorbild.
▪ use the future tense with **werden**	Ich **werde** Tanzstunden **nehmen**. Sie **wird** nach Amerika **fahren**.
▪ use time expressions	**In zehn Jahren** werde ich für Deutschland spielen, **später** werde ich viel Geld verdienen.
⚡ write accurately and assess my spelling and grammar	

6

● understand a person's achievements	Sie hat viel Geld für Wohltätigkeitsorganisationen gesammelt.
⚡ understand a longer reading text	
⚡ recognise ways of translating phrases into good English	seiner Meinung nach = in his opinion (**not** 'his opinion after')

Wiederholung

1 Hör zu. Welcher Körperteil ist das? (1–6)
Beispiel: **1** c

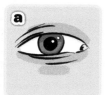 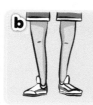 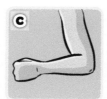  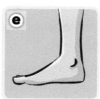 

2 Hör zu. Schreib den Körperteil auf. Hat man sich etwas verletzt (V), sich etwas gebrochen (G) oder sich bewegt (B)? (1–6)
Beispiel: **1** Bein G

3 Lies Bens Blog. Welche vier Sätze sind richtig? Korrigiere die anderen Sätze.

Ich bin letzten Donnerstag auf ein Konzert gegangen. Meine Lieblingssängerin Adele hat hier in der Stadt gespielt und ich habe zwei Karten bekommen. Sie waren nicht billig, aber sie waren ein Geschenk von meinen Großeltern. Toll, was?

Martha und ich haben so viel Spaß gehabt. Adele ist mein Vorbild, weil sie so begabt ist und sie hat am Abend so gut gesungen – wir haben auch mitgesungen!

Wir sind ziemlich spät nach Hause gekommen und am nächsten Morgen war ich sehr müde. Dann ist der Unfall passiert! Auf dem Weg zur Schule bin ich vom Skateboard gefallen und habe ich mir die Schulter verletzt. Ich bin ins Krankenhaus gekommen, aber jetzt bin ich wieder zu Hause. Das Positive daran: Ich werde den ganzen Tag Adeles Songs hören!

1 Adele hat am Donnerstagabend in Bens Stadt gesungen.
2 Ben hat die Karten gekauft.
3 Bens Vorbild ist seine Oma.
4 Ben ist mit Martha auf das Konzert gegangen.
5 Das Konzert hat keinen Spaß gemacht.
6 Ben hat am Freitag einen Unfall gehabt.
7 Er ist mit dem Skateboard zur Schule gefahren.
8 Er wird seine Lieblingssängerin im Krankenhaus hören.

4 Partnerarbeit. Sieh dir die Bilder an und mach Dialoge.

● *Ich werde hart arbeiten und … In zehn Jahren werde ich … Und du?*

■ *Ich werde …*

Partner(in) A

Asien, in 10 Jahren

Partner(in) B

nächstes Jahr

5 Schreib über ein inspirierendes Vorbild.

- Wer inspiriert dich? Warum?
- Was hat dein Vorbild schon im Leben gemacht?
- Was hast du wie dein Vorbild gemacht?
- Was wirst du wie dein Vorbild machen? Wann? (jetzt/nächste Woche/nächsten Monat/in fünf Jahren …)

> When writing, refer back to your previous work. See what you can borrow from other exercises.

Grammatik

Present tense of regular and irregular verbs

Most verbs are regular (**regelmäßig**) in the present tense. Some verbs are irregular (**unregelmäßig**) in the **du** and **er/sie/es/man** forms.

The verb **sein** (to be) is very irregular (**sehr unregelmäßig**) – make sure you learn it.

	regelmäßig	unregelmäßig		sehr unregelmäßig
	singen (to sing)	fahren (to drive)	lesen (to read)	sein (to be)
ich	singe	fahre	lese	bin
du	singst	fährst	liest	bist
er/sie/es/man	singt	fährt	liest	ist
wir	singen	fahren	lesen	sind
ihr	singt	fahrt	lest	seid
Sie	singen	fahren	lesen	sind
sie	singen	fahren	lesen	sind

Here are some other **irregular** verbs, with the changes in the **du** and **er/sie/es/man** forms:

haben ➜ *hast*, *hat* (to have)

essen ➜ *isst*, *isst* (to eat)

laufen ➜ *läufst*, *läuft* (to run)

sprechen ➜ *sprichst*, *spricht* (to speak)

1 Complete the sentences with the present tense of the verb given in brackets.

  1 Maria Sharapova (sein) mein Vorbild, weil sie sehr gut Tennis (spielen).
  2 Ich (lieben) Dawn French, weil sie lustige Sendungen (machen). Und du, (haben) du ein Vorbild?
  3 Mein Vorbild Lewis Hamilton (fahren) sehr schnell und er (verdienen) viel Geld.
  4 Ich (hassen) Lord Sugar; ich (finden) ihn zu arrogant.
  5 Mein Vorbild (heißen) Fiona Bruce. Sie (lesen) die Nachrichten und (sprechen) sehr gut.

The imperative

Use the imperative to give instructions.

infinitive	du (one person you know well)	ihr (more than one person you know well)	Sie (people (one or more) that you don't know well)
springen (to jump)	spring!	springt!	springen Sie!
aufstehen (to stand up)	steh auf!	steht auf!	Stehen Sie auf!
sich strecken (to stretch oneself)	streck dich!	streckt euch!	Strecken Sie sich!

2 Put the words in the correct order. Write out the sentences then translate them into English.

  1 schnell sehr Lauf !
  2 Steh jetzt auf !
  3 links Streck nach dich !
  4 auf dich den Stuhl Setz !

3 Translate the sentences into German using the **du** form of the imperative.

  1 Lukas, stand up!
  2 Jump high!
  3 Lie on your back!
  4 Stretch to the right!
  5 Run forwards!
  6 Bend your knees!

The perfect tense

The perfect tense is used to talk about things that happened in the past. It is made up of two parts – the **auxiliary** (**haben** or **sein**) and the <u>past participle</u> (e.g. **ge**lern**t**/**ge**fahr**en**), which goes at the end of the sentence.

lernen (to learn)	
ich **habe** <u>gelernt</u>	wir **haben** <u>gelernt</u>
du **hast** <u>gelernt</u>	ihr **habt** <u>gelernt</u>
er/sie/es/man **hat** <u>gelernt</u>	Sie **haben** <u>gelernt</u>
	sie **haben** <u>gelernt</u>

fahren (to go)	
ich **bin** <u>gefahren</u>	wir **sind** <u>gefahren</u>
du **bist** <u>gefahren</u>	ihr **seid** <u>gefahren</u>
er/sie/es/man **ist** <u>gefahren</u>	Sie **sind** <u>gefahren</u>
	sie **sind** <u>gefahren</u>

Most verbs that take **sein** as the auxiliary involve movement from one place to another (e.g. **fahren**, **gehen**).
Two exceptions:

bleiben (to stay) ➜ ich bin **geblieben** (I stayed)   **werden** (to become) ➜ sie ist **geworden** (she became)

Some past participles are irregular and change the stem, e.g.

schreiben (to write) ➜ ich habe **geschr<u>ie</u>ben** (I wrote)   **finden** (to find) ➜ er hat **gef<u>u</u>nden** (he found)

Some verbs, e.g. verbs beginning with **be–**, **ge–** or **ver–** or ending in **–ieren**, do not add **ge–**, e.g.

beginnen (to begin) ➜ ich habe **be**gonnen (I began)   **ge**winnen (to win) ➜ du hast **ge**wonnen (you won)
verbringen (to spend (time)) ➜ er hat **ver**bracht (he spent)   stud**ieren** (to study) ➜ sie hat stud**iert** (she studied)

4 Rewrite the sentences in the perfect tense.

   Example: **1** Er hat Deutsch in der Schule gelernt.

   1 Er lernt Deutsch in der Schule.
   2 Ich finde Tennis langweilig.
   3 Du fährst nach Berlin.
   4 Wir gewinnen viele Medaillen.
   5 Sie verbringt zwei Wochen in Schottland.
   6 Um 19 Uhr essen sie Pizza.
   7 Wann schreibst du den Bericht?
   8 Im Sommer bleiben wir zu Hause.

The future tense

The future tense in German is formed with part of **werden** and an infinitive, which goes at the end of the sentence:

ich	werde	
du	wirst	
er/sie/es/man	wird	+ infinitive
wir	werden	… machen
ihr	werdet	… sehen
Sie	werden	… arbeiten
sie	werden	

5 Put the words in the correct order. Write out the sentences then translate them into English.

   1 verdienen Er viel Geld wird
   2 ihr Jahr im verbringen Ausland ein Werdet ?
   3 werden in Dann wir arbeiten Asien
   4 Antje Jahr Nächstes wird nehmen Tanzstunden

Remember the 'verb second' rule when starting with a time expression.

6 Rewrite the sentences in exercise 4 in the future tense with **werden**.

   Example: **1** Er wird Deutsch in der Schule lernen.

Wörter

Charaktereigenschaften • Character traits

X ist mein Vorbild, weil er/sie … ist.	*X is my role model/idol because he/she is …*
begabt	*talented*
berühmt	*famous*
bescheiden	*modest*
charismatisch	*charismatic*
erfolgreich	*successful*
großzügig	*generous*
originell	*original*
reich	*rich*
selbstbewusst	*self-confident*
selbstlos	*selfless*
Er/Sie ist nicht …	*He/She is not …*
arrogant	*arrogant*
launisch	*moody*
nervig	*annoying*
mein(e) Lieblingsschauspieler(in)	*my favourite actor/actress*
mein(e) Lieblingssänger(in)	*my favourite singer*
mein(e) Lieblingssportler(in)	*my favourite athlete*

Was macht er/sie? • What does he/she do?

Er/Sie läuft schnell.	*He/She runs fast.*
Er/Sie fährt schnell Rad.	*He/She cycles fast.*
Er/Sie singt viele Lieder.	*He/She sings many songs.*
Er/Sie liest die Nachrichten.	*He/She reads the news.*
Er/Sie ist oft im Fernsehen.	*He/She is often on TV.*
Er/Sie spielt gut Gitarre.	*He/She plays guitar well.*

Was hast du in deinem Leben gemacht? • What have you done in your life?

Ich habe …	*I have …*
mit Kindern gearbeitet	*worked with children*
Leute glücklich gemacht	*made people happy*
interessante Erlebnisse gehabt	*had interesting experiences*
viele Preise gewonnen	*won a lot of prizes*
viele Länder gesehen	*seen a lot of countries*
viel Geld verdient	*earned a lot of money*
viel trainiert	*trained a lot*
Biologie studiert	*studied biology*
Ich bin nach Afrika gefahren.	*I have travelled to Africa.*
Ich bin berühmt geworden.	*I have become famous.*
Ich habe …	*I have …*
Er/Sie hat …	*He/she has …*
erfunden	*discovered*
geschrieben	*written*
gesungen	*sung*
getanzt	*danced*
verbracht	*spent (time)*
Ich bin nach Amerika gesegelt.	*I have sailed to America.*

Der Körper • The body

der Kopf(¨e)	*head*
die Schulter(n)	*shoulder*
der Arm(e)	*arm*
die Hand(¨e)	*hand*
der Rücken(–)	*back*
der Bauch(¨e)	*stomach*
der Po(s)	*bottom*
das Bein(e)	*leg*
das Knie(–)	*knee*
der Fuß(¨e)	*foot*

Das Gesicht • The face

das Auge(n)	eye
das Ohr(en)	ear
die Nase(n)	nose
der Mund(¨er)	mouth
das Kinn(e)	chin

Beweg dich! • Get moving!

Beug die Knie!	Bend your knees!
Heb die Beine!	Lift your legs!
Lauf vorwärts/rückwärts!	Run forwards/backwards!
Leg dich auf den Rücken!	Lie on your back!
Setz dich!	Sit down!
Spring hoch!	Jump high!
Steh auf!	Stand up!/Get up!
Streck dich!	Stretch!
Streck die Arme nach links/rechts!	Stretch your arms to the left/right!
Vergiss nicht, Wasser zu trinken!	Don't forget to drink water!

Was ist passiert? • What happened?

Ich habe mir das Bein verletzt.	I injured my leg.
Ich habe einen Unfall gehabt.	I had an accident.
Ich bin vom Rad gefallen.	I fell off my bike.
Ich habe mir den Arm gebrochen.	I broke my arm.
Ich bin ins Krankenhaus gekommen.	I went to hospital.
Ich habe einen Monat ... verbracht.	I spent a month ...
in der Reha	in rehab, convalescing
im Rollstuhl	in a wheelchair
Ich habe eine Medaille gewonnen.	I won a medal.
Ich habe es geschafft.	I managed it.
Ich habe eine Prothese bekommen.	I got an artificial limb.
behindert	disabled

Die Zukunft • The future

Ich werde ...	I will ...
hart arbeiten	work hard
(in Asien) arbeiten	work (in Asia)
Sport machen	do sport
Geld spenden	donate money
viel Geld verdienen	earn a lot of money
Theaterwissenschaften studieren	study drama
mich bemühen, Arzt/Ärztin zu werden	try hard to become a doctor
Tanzstunden nehmen	take dance lessons
Geld für eine Hilfsorganisation/Wohltätigkeitsorganisation sammeln	raise money for an aid organisation/charity
für Menschenrechte kämpfen	fight for human rights
Wer inspiriert dich?	Who inspires you?
... inspiriert mich.	... inspires me.

Oft benutzte Wörter • High-frequency words

Ich liebe ...	I love ...
Ich mag ... nicht	I don't like ...
Ich hasse ...	I hate ...
sehr	very
so	so
zu	too
nicht	not
nie	never
nächstes Jahr	next year
in zehn Jahren	in ten years' time

Strategie 1

How do you know if you really know a word?

- Do I know what it means when I see it?
- Can I pronounce it?
- Can I spell it correctly?
- Can I use it in a sentence?

Stars und die Medien

 1 Lies die drei Magazinartikel. Worum geht es in jedem Artikel? Antworte auf Englisch.

Klatsch und Tratsch

Karri und Oki, die jungen Stars von „Ja und nein", sind auf Tournee in Deutschland. Am Mittwochabend haben sie vor 10.000 Fans in Hamburg gesungen. Am Donnerstag haben sie dann Sightseeing in der Großstadt gemacht … und unser Reporter war natürlich dabei. Ist das Okis neue Freundin auf dem Bild? Und was trägt Oki eigentlich? Das sieht nicht gut aus! Wir finden seine Haare auch ein bisschen zu kurz. Oder wird das die neue Mode?

Thema: Prominente und Privatsphäre

" Prominente und Stars lieben die Medien: Sie wollen ihre Bücher, Filme oder Musik verkaufen. Warum brauchen diese Leute also ein Privatleben? Sie haben kein Recht auf ein „normales" Leben. Journalisten und Fans sind immer da, sie machen Fotos. Die Prominenten haben kein Privatleben, weil es ihre Rolle ist, immer vor der Kamera zu sein. "
Angelika, München

Ist das fair? Was meint ihr?
Schreibt uns eure Meinung!

Foto-Tricks

Letzte Woche haben wir die Frage gestellt: Sollte man Fotos von Stars retuschieren? Zum Beispiel haben wir zwei Bilder von Britney Spears gezeigt.

▲ **Hier sieht Britney Spears aus wie Lieschen Müller …**

▲ **… aber auf diesem Bild hat sie mehr Glamour, weil man das Foto retuschiert hat.**

Hier sind eure Kommentare dazu.

Ben H, Bochum: Ich finde, sie sieht auf dem ersten Bild sehr gut aus. Man braucht ihre Bilder nicht retuschieren!

Pia W, Freiburg: Meiner Meinung nach müssen Stars immer gut aussehen. Ich habe kein Problem mit retuschierten Fotos.

Alex K, Berlin: Nein, oh nein! Das zweite Bild ist doch nicht Britney, oder?!

Tanja B, Wien: Ich will so aussehen, wie auf dem zweiten Bild. Aber das geht nicht – man hat alles am Computer geändert!

---

verkaufen = to sell
Lieschen Müller = Jane Bloggs, 'Miss Average'
ändern (geändert) = to change (changed)

2 Lies die drei Magazinartikel noch mal. Richtig (R) oder falsch (F)?

1 Karri und Oki singen in einer Band.
2 Sie sind auf Tour in Frankreich.
3 Oki hat mittellange Haare.
4 Berühmte Personen hassen die Medien.
5 Stars haben ganz normale Leben.
6 Im zweiten Artikel steht die Meinung: Man darf Prominente immer fotografieren.
7 Auf dem ersten Bild sieht Britney Spears glücklich aus.
8 Man hat das zweite Bild von Britney digital verändert.
9 Alle finden das zweite Bild sehr gut.

3 Hör zu. Mach Notizen auf Englisch über die Meinungen. (1–4)

• What issues are they talking about: privacy or retouching photos?
• What is their opinion?

4 Gruppenarbeit. Diskutiere ...
• Prominente und Privatsphäre
  oder
• retuschierte Bilder.
Beispiel:

● *Ich finde, es gibt zu viele Fotos von berühmten Personen in Magazinen.*
■ *Aber nein! Sie sind sehr interessant und manchmal lustig.*
◆ *Ja, das stimmt, aber die Fotos sind oft zu persönlich und ich glaube,*
  Prominente brauchen ein Privatleben.
■ *Ach was! ...*

Make sure you know what these words mean and try to use them in your discussion: **brauchen**, **sie haben ein Recht auf ...**, **nötig**, **respektieren**.

5 Mach eine Klatsch-und-Tratsch-Magazinseite.

• Wähl Prominente (aus dem Bereich Sport, Musik, Film, Fernsehen, ...) aus und suche Infos, zum Beispiel:
  – persönliche Informationen (wann und wo geboren? Lebenspartner(in)? Kinder?)
  – was sie gemacht haben (Filme, Bücher, Musik, Medaillen, ...)
  – deine Meinung
  – Neues; Interessantes; Fotos!
• Schreib auch einen kurzen Artikel über die Privatsphäre oder retuschierte Fotos.
  Schreib Meinungen und Kommentare.

Look at the style of the magazine page opposite and other magazines you might read.
Try to match the sort of language used and the tone of the articles.

To raise the level of your writing:

• use past, present and future tenses
• join sentences together using connectives (*und, aber, weil* ...)
• give lots of detail
• express lots of opinions.

1 Sieh dir die Fotos (a–e) und die Texte an. Wer ist das? (1–5)

Bekannte Musiker

a Wolfgang Amadeus Mozart

b Ludwig van Beethoven

c Leona Lewis

d Paul McCartney

e Nigel Kennedy

Kulturzone

Die Beatles haben zwei Lieder auf Deutsch gesungen. Hier ist der Refrain der deutschen Version eines Beatles-Liedes. Welches Lied ist das?

„O komm doch, komm zu mir
Du nimmst mir den Verstand
O komm doch, komm zu mir
Komm gib mir deine Hand
Komm gib mir deine Hand
Komm gib mir deine Hand"

1 „Ich bin _____ . Auf diesem Bild bin ich in Deutschland. Ich bin mit meiner Band auf Tour in Hamburg. Wir singen Lieder auch auf Deutsch!"

2 „Mein Name ist _____ . Ich war in der Show „X Factor". Ich habe die Show gewonnen! Jetzt bin ich eine bekannte Sängerin und ich habe viele Alben gemacht."

3 „Ich heiße _____ . Auf diesem Bild bin ich vierzehn Jahre alt. Ich spiele seit zehn Jahren Klavier und Geige und ich komponiere seit neun Jahren."

4 „Ich bin _____ . Ich spiele Geige. Ich liebe Klassische Musik und auch Jazzmusik. Auf diesem Foto trage ich das Trikot meiner Lieblingsfußballmannschaft!"

5 „Mein Name ist _____ . Ich bin Komponist. Auf diesem Bild bin ich ungefähr fünfzig Jahre alt und ich komponiere."

2 Gruppenarbeit. Sieh dir die Fotos an. Welche Gesangsart ist das? Wie findest du sie?

Beispiel:
- *Foto d ist Rap. Wie findest du Rap?*
- *Ich denke, Rap ist toll.*
- *Was? Du spinnst! Was denkst du?*
- *Ich finde Rap doof!*

Rap	Jodeln
Operngesang	Chorgesang

3 Lies den Comicstrip und übersetze ihn ins Englische.

Kulturzone

Jodeln ist Singen ohne Text und ohne Instrumente (*a cappella*). Es gibt keine Wörter, nur Silbenfolgen, wie „Hodaro" oder „Jodraehoo". Jodeln ist eine alpenländische Tradition und war früher eine Kommunikationsmethode.

die Silbenfolgen
= sequence of syllables

1 Wild auf Musik!

➤ Talking about types of music
➤ Using subject and direct object pronouns

1 Hör zu. Welche Musikart ist das? (1–9)
Beispiel: **1** g

1 ▶ **Radio 21**
2 ▶ **BEATZ FM**
3 ▶ **RADIO Elektro**
4 ▶ **STERN FM**
5 ▶ **Radio Planet**
6 ▶ **HM Radio**
7 ▶ **Radio Welle**
8 ▶ **RADIO KULTUR**
9 ▶ **YPSILON (Y) FM**

- **a** R&B-Musik
- **b** Jazzmusik
- **c** Weltmusik
- **d** Heavy Metal-Musik
- **e** Rap-Musik und Hip-Hop
- **f** Dance-Musik
- **g** Popmusik
- **h** Rockmusik
- **i** Klassische Musik

2 Lies die Meinungen. Schreib die Tabelle ab und füll sie aus.

Sie klingt positiv.   Sie ist kitschig.   Sie ist energiegeladen.
Sie macht gute Laune.   Sie klingt negativ.   Sie ist melodisch.
Sie ist altmodisch.   Sie macht schlechte Laune.

☺	☹
Sie klingt positiv.	

3 Hör zu. Was für Musik hören sie gern oder nicht gern? Warum? (1–4)
Schreib die Tabelle ab und füll sie aus.

	Musikart ☺	Warum?	Musikart ☹	Warum?
1	Jazzmusik	melodisch		

4 Gruppenarbeit. Was für Musik hörst du gern? Besprich deine Meinungen.

Was für Musik hörst du gern?				
Ich höre gern Ich höre oft	Popmusik, (etc.)	weil sie	toll / fantastisch / originell / melodisch / energiegeladen	ist.
			gute Laune	macht.
			positiv	klingt.
Ich höre nicht gern Ich höre nie	Rap-Musik, (etc.)	weil sie	(zu) laut / altmodisch / kitschig / deprimierend / monoton	ist.
			schlechte Laune	macht.
			negativ	klingt.

5 Hör zu und lies. Notiere drei Details auf Englisch über jede Person.
Beispiel: Lukas: Music is very important to him, …

Lukas

Musik ist mir sehr wichtig, weil sie gute Laune macht. Jeden Morgen höre ich in meinem Zimmer Musik. Ich höre sehr gern Popmusik, weil sie melodisch und energiegeladen ist. Mein Lieblingssänger heißt Moritz. Ich finde ihn total cool! Ich höre nicht gern Rockmusik, weil sie viel zu laut ist.

Fabian

Ich mag viele Musikarten. Rap-Musik höre ich gern, weil die Lieder gute Texte haben. Ich höre auch gern Popmusik, weil sie oft sehr positiv klingt. Mein Lieblingssänger ist aber Bob Marley, weil ich ihn kreativ und poetisch finde. Ich höre immer Bob, wenn ich ein bisschen deprimiert bin.

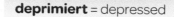

deprimiert = depressed

Nina

Musik ist mein Leben. Man sagt, Dance-Musik ist sehr monoton, aber ich finde sie total gut. Der Beat ist cool – er hat einen guten Rhythmus. Ich finde die Melodien auch stark. Meine Lieblingsband ist „Moonray", weil sie lustig und unterhaltsam ist. Mein Lieblingslied ist „Ein Tag im Leben", weil es gute Laune macht. Ich finde es dynamisch!

Mein Lieblingssänger Meine Lieblingssängerin Meine Lieblingsband Mein Lieblingslied	ist …
Ich finde ihn / sie / es Ihre Lieder sind Die Melodien sind	kreativ / poetisch / unterhaltsam / stark / sentimental / aggressiv.

6 Lies die Texte noch mal. Beantworte die Fragen auf Deutsch.
Beispiel: Lukas hört jeden Morgen in seinem …

1 Wann und wo hört Lukas Musik?
2 Was für Musik hört Lukas nicht gern? Warum?
3 Warum hört Fabian Rap-Musik gern?
4 Wer ist Fabians Lieblingssänger? Warum?
5 Was für Musik hört Nina gern? Warum?
6 Was ist Ninas Lieblingslied? Warum?

Grammatik ⟩ Page 44

Saying 'it' in German

Subject pronouns:

Der Hit ist … ➜ *Er ist …*		It is …
Die Popmusik ist … ➜ *Sie ist …*		It is …
Das Lied ist … ➜ *Es ist …*		It is …

Direct object pronouns:

Ich mag den Hit. ➜ *Ich mag* <u>*ihn*</u>*.*	I like **it**.
Ich mag die Band. ➜ *Ich mag sie.*	I like **it**.
Ich mag das Lied. ➜ *Ich mag es.*	I like **it**.

Note: *ihn* also means 'him' and *sie* means 'her':
Ich mag ihn, aber ich mag sie nicht.
I like **him** but I don't like **her**.

7 Gruppenarbeit. Du bist Lukas, Fabian oder Nina. Deine Gruppe stellt Fragen auf Deutsch. Beantworte die Fragen.

● *(Lukas,) was für Musik hörst du gern?*
■ *Ich höre sehr gern (Popmusik).*
● *Warum?*
■ *…*

Adapt the questions in exercise 6 for this speaking task:

Was für Musik **hört Nina** *gern?* ➜ *Was für Musik* **hörst du** *gern?*

Use **dein/deine** to ask 'What is **your** favourite song/band/artist?':

Was ist **deine** *Lieblingsband?*

8 Schreib deine Meinungen über Musik auf.
Beispiel:

Ich mag viele Musikarten. Ich höre gern … , weil … Ich höre nicht gern …

2 Musiker gesucht!

> ➤ Talking about playing or singing in a band
> ➤ Using **seit** (for/since)

1 Sieh dir die Wörter und die Bilder an. Schreib den richtigen Buchstaben auf.

Beispiel: **1** c

Instrumente
1 (das) Keyboard
2 (die) Gitarre
3 (das) Klavier
4 (die) Geige
5 (das) Saxofon
6 (das) Schlagzeug
7 (die) Trompete
8 (die) Klarinette
9 Ich spiele kein Instrument, aber ich singe!

Musiker gesucht!
Singst du? Spielst du ...?

2 Hör zu und überprüfe. (1–9)

3 Hör dir die Musiker an. Mach Notizen auf Deutsch. (1–5)

	1	2	3
Name	Jan		
Instrument	Schlagzeug		
Seit wann?			
Wie oft?			
Wo?			

üben = to practise
proben = to rehearse

		drei Jahren	
	seit	sechs Monaten	Keyboard /
		Juli	Geige / Gitarre.
		der Grundschule	
Ich spiele	jeden Tag / einmal pro Woche / am Wochenende / ab und zu.		
	zu Hause. in der Schule / in der Garage / in einer Band. im Musikraum / im Schulchor / im Schulorchester / im Musikunterricht / in meinem Zimmer.		

Grammatik   ➤ Page 44

seit ('for' or 'since') is used with the present tense to say how long something has been going on:

*Ich **spiele seit** vier Jahren Trompete.*
I have been playing the trumpet for four years.

*Ich **singe seit** November.*
I have been singing since November.

4 Partnerarbeit. Sieh dir die Bilder an. Mach Dialoge.

Beispiel: **1**

- ● *Spielst du ein Instrument?*
- ■ *Ja, ich spiele (Saxofon).*
- ● *Seit wann spielst du (Saxofon)?*
- ● *Wie oft spielst du (Saxofon)?*
- ● *Wo spielst du (Saxofon)?*

1 6 J.   3 × Woche   **2** 9 M.   1 × Woche

3 2 J.   7 × Woche      **4** ...

5 Hör zu und lies (1–2). Übersetze die fett gedruckten Sätze ins Englische.

Listen and read. Translate the bold sentences into English.

die Band-Kandidaten

❶ Kathrin

Ich bin Kathrin. Ich spiele seit fünf Jahren Klavier. Ich habe früher oft Klassische Musik gespielt, bei Schulkonzerten und so weiter, aber jetzt nicht mehr. Jetzt suche ich eine Band. Ich mag Pop- und Rockmusik sehr und ich kann auch Jazz spielen. **Ich habe momentan keinen Lieblingssänger, aber meine Lieblingsband heißt „die Gurus".** Ich höre sie gern, weil sie energiegeladen und originell sind. **Ich schreibe auch meine eigenen Liedtexte.**

❷ Jens

Ich bin Jens. Ich spiele seit vier Jahren elektrische Gitarre und seit einem Jahr Bass. **Ich habe bis jetzt keine Erfahrungen mit einer Band gemacht.** Ich spiele nur im Musikunterricht in der Schule und zu Hause. **Ich kann keine Noten lesen, aber ich höre Musik und spiele mit. Jimi Hendrix ist mein Vorbild, weil er so talentiert war.**

die Erfahrung = experience

Noten lesen = to read music

6 Lies die Texte noch mal. Wer ist das?

Beispiel: **1** Kathrin

Who ...

1 has changed their musical style?
2 writes his/her own songs?
3 plays his/her instrument at school?
4 used to play in school concerts?
5 cannot read music?
6 likes pop music a lot?

7 Du willst Mitglied in dieser Band werden. Schreib deine Bewerbungsemail. Benutze die Texte aus Aufgabe 5.

You want to become a member of this band. Write your email application. Look at the texts in exercise 5.

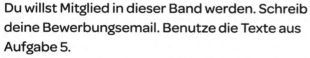

Bist du talentiert?
Spielst du ein Instrument?
Singst du?

Wir suchen junge Musiker für eine neue Band. Bewerbung per E-Mail mit folgenden Infos:

Name - Instrument(e) - Erfahrung - Lieblingsmusikarten - Lieblingsband / Lieblingssänger(in) / Lieblingslied

Bandwettbewerb!

➤ Discussing different bands
➤ Making comparisons

1 Gruppenarbeit. Sieh dir die Bandfotos an. Sag deine Meinung.

Stein

Honig

Hallo Welt!

Hippiekultur

Ich glaube, sie spielen	Rockmusik R&B-Musik Rap-Musik Popmusik.	
Ich denke, ihre Musik ist	kreativ energiegeladen melodisch monoton (zu) laut aggressiv.	
Ich finde sie	dynamisch selbstbewusst begabt originell.	
Ich denke, sie sehen	cool locker alternativ (alt)modisch schlecht	aus.

2 Hör zu. Welche Band aus Aufgabe 1 ist das? Welche Musikart ist das? (1–4) Schreib die Tabelle ab und füll sie aus.

	Band	Musikart
1	Hallo Welt!	Popmusik

3 Hör noch mal zu. Was denken die Preisrichter über die Bands in Aufgabe 1? (1–4) Mach Notizen auf Englisch.
Listen again. What do the judges think of the bands in exercise 1?

	Appearance	Performance
1	good, casual	confident, too loud, tune not good

Attention! The details you hear are not always in order. Be sure to listen carefully and note your answers in the correct categories.

4 Hör zu. Lies die Aussagen (a–e). Was ist die richtige Reihenfolge?
Beispiel: d, …

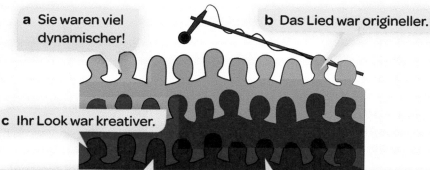

a Sie waren viel dynamischer!

b Das Lied war origineller.

c Ihr Look war kreativer.

d Der Gitarrist war begabter.

e Die Sängerin war melodischer.

5 Partnerarbeit. Mach Komparativsätze.
1 das Saxofon – laut – das Keyboard
2 das Mikrofon in „Honig" – groß – das Mikrofon in „Hippiekultur"
3 der Gitarrist in „Honig" – cool – der Gitarrist in „Hallo Welt!"
4 das Lied von „Stein" – kurz – die Lieder von „Honig" und „Hippiekultur"

6 Gruppenarbeit. Bandwettbewerb „SchoolJam"! Du bist Preisrichter. Vergleiche die zwei Bands im Finale.
Band competition SchoolJam! You are a judge. Compare the two bands in the final.

locker
kreativ
altmodisch
begabt
monoton
originell
laut
melodisch
selbstbewusst
poetisch

Honig

Hippiekultur

Beispiel:
● *Ich finde „Honig" total originell! Ihre Musik war kreativer als „Hippiekulturs" Musik.*
■ *Ja vielleicht, aber „Hippiekultur" waren selbstbewusster und „Hippiekultur" waren auch lauter …*
▲ *Das stimmt, aber der Sänger war …*

7 Schreib einen Bericht. Vergleiche die zwei Bands aus Aufgabe 6.
Beispiel:

> Meine Lieblingsband ist „Honig", weil ich R&B-Musik mag. Ihre Musik war melodischer als „Hippiekulturs" Musik und sie waren auch …
> Die Sängerin war …

To describe what something **was** like use **war/waren** with adjectives:
er/sie/es **war** *cool*
(he/she/it was cool)
sie **waren** *melodisch*
(they were tuneful)

Grammatik ▸ Page 45

To make comparisons, add *–er* to the adjective:
laut ➜ *lauter* loud ➜ louder
Even when English adjectives use 'more' to form the comparative, just add *–er* in German:
dynamisch ➜ *dynamischer* dynamic ➜ more dynamic
Some one-syllable German adjectives add an umlaut:
groß ➜ *größer* big ➜ bigger
kurz ➜ *kürzer* short ➜ shorter
Use *als* for comparing two things:
„Stein" war melodischer als „Hallo Welt!".
Stein was more tuneful **than** *Hallo Welt!*

Aussprache

größer like **Löwe**

kürzer like **Tür**

Try to include examples of the present tense and imperfect tense (*war/waren*) when comparing the two bands and their performances.
Be sure to use lots of different adjectives!

> ➤ Describing a music festival
> ➤ Using separable verbs in the perfect tense

1 Lies den Text. Sieh dir die Bilder an. Was ist die richtige Reihenfolge?

Beispiel: f, ..., ...

Spaß auf einem Musikfest!

Liebe Mutti!

Ich bin seit einem Tag hier und es ist toll! Wir haben coole deutsche und internationale Bands gesehen und tolle Aktivitäten gemacht. Es gibt hier ein Zirkuszelt und ich habe gestern an einem Trapez-Workshop teilgenommen!

Wir haben auch viele nette Leute kennengelernt. Alle sind hier so freundlich. Leider hat es viel geregnet und es war gestern Abend ziemlich kalt – viel kälter als letztes Jahr. Ich habe in der Nacht sehr warme Kleider angezogen! Heute haben wir alle auch Gummistiefel angezogen, weil es so nass ist.

Wir haben exotisches Essen ausprobiert. Ich habe asiatische Spezialitäten gegessen und Karottensaft getrunken. Lecker!

Ich muss Schluss machen – jetzt spielen „die Gurus", meine Lieblingsband!

VLG,
Selina xx

nass = wet
Ich muss Schluss machen. = I must go/finish.

2 Lies den Text in Aufgabe 1 noch mal. Finde im Text die Partizipien für die Infinitive.

Beispiel: **1** sehen – gesehen

1 sehen	**6** anziehen
2 machen	**7** ausprobieren
3 teilnehmen	**8** essen
4 kennenlernen	**9** trinken
5 regnen	

Grammatik ➤ Page 45

Perfect tense

The perfect tense is made up of two parts – the **auxiliary** (*haben* or *sein*) and the <u>past participle</u>, which goes at the end of the sentence:

*Ich **habe** coole Bands <u>gesehen</u>.*
*Es **hat** viel <u>geregnet</u>.*

Separable verbs

Separable verbs include both a **prefix** (the separable part) and a **verb**, e.g. *teilnehmen*, *kennenlernen*.

In the perfect tense, the **ge-** goes in between the **prefix** and the **past participle**:

*Ich habe an einem Workshop teil**ge**nommen.*
I took part in a workshop.

*Ich habe viele Leute kennen**ge**lernt.*
I met lots of people.

3 Hör zu. Was haben sie auf dem Musikfestival gemacht? Mach Notizen auf Deutsch. (1–4)

Beispiel: **1** neue Freunde kennengelernt, ...

4 Partnerarbeit. Sieh dir die Bilder in Aufgabe 1 an. Mach einen Dialog.

● *Was hast du beim Musikfestival gemacht?*
■ *Ich habe Gummistiefel angezogen.*
● *Und was noch?*

5 Hör zu und lies. Wie heißt das auf Deutsch? (1–6)
Beispiel: **1** Ich habe keinen Lieblingsmusikstil.

Martin Becker, Journalist bei Radio 21, ist auf dem Hurricane Festival. Einige junge Festivalbesucher machen ein interview mit ihm.

Also, Martin, **was für Musik hörst du gern?**
Na ja, ich habe keinen Lieblingsmusikstil. Ich mag viele Musikarten. Ich höre gern Pop, Rap, Indie, Rock und auch manchmal Elektro oder Techno.

Was ist deine Lieblingsband?
Ich habe keine Lieblingsband, aber momentan mag ich „die Gurus" besonders gern.

Warum?
Ich finde, ihre Lieder sind originell und melodisch.

Und **spielst du ein Instrument?**
Ich spiele seit der Grundschule Saxofon. Ich habe auch Keyboard ausprobiert.

Hast du in einer Band gespielt?
Ja, aber nur in der Schule. Wir haben nicht an Festivals teilgenommen.

Wie viele Musikfestivals hast du schon besucht?
Sehr viele. Das ist mein Job! Letztes Jahr bin ich auf das Gurtenfestival in Bern, das Southside Festival und auch das Reading Festival in England gegangen.

Welche Bands hast du auf dem Live-Konzert gesehen?
Gestern Abend habe ich „Honig" gesehen – die beste Schülerband dieses Jahr.

Was für Musik spielen sie?
Sie spielen eine Mischung aus R&B und Pop.

Und **wie hast du sie gefunden?**
Sie waren super. Sie haben dynamischer und selbstbewusster als viele professionelle Bands gespielt. Ich habe sie nach dem Gig kennengelernt.

Und **was wird dein nächstes Festival oder Konzert sein?**
Ich werde im Juli noch mal auf das Gurtenfestival gehen. Ich freue mich darauf!

Auf dem Hurricane Musikfestival

1 I don't have a favourite type of music.
2 I also tried out the keyboard.
3 We didn't take part in any festivals.
4 They play a mixture of R&B and pop.
5 I met them after the gig.
6 I'm looking forward to it!

6 Mach das Buch zu. Hör noch mal zu und mach Notizen auf Englisch.
Beispiel: **1** *likes lots of types of music, …*

1 Martin's music preferences
2 his own musical history
3 his experience of festivals
4 his opinion of the band *Honig*
5 his plans for future festivals

7 Schreib ein Blog über Musik, inklusive deiner Erfahrung von einem Festival oder Live-Konzert. Beantworte die fett gedruckten Fragen in Aufgabe 5.
Write a blog about music, including your experience of a music festival or live concert. Answer the questions in bold type in exercise 5.

Kulturzone
Das Hurricane Festival findet jedes Jahr im Juni in der Nähe von Hamburg statt. Das Southside Festival in Süddeutschland findet auch im Juni statt. Ungefähr 120.000 Menschen besuchen jedes Jahr die Festivals.

stattfinden = to take place

5 Wie war's?

1

Was sind die Fragen? Schreib sie auf. Dann übersetze sie ins Englische.

a Woherkommstdu?

b SpielstdueinInstrument?

c Seitwannbistduhier?

d Wiewarensie?

e Wieheißtdu?

f WasfürMusikhörstdugern?

g HastdueineLieblingsband?

h WelcheBandshastduschongesehen?

i HastduPlänefürnächstesJahr?

j WelcheBandsmöchtestdunochsehen?

2

Mach dein Buch zu. Hör zu (1–10). Was fehlt?

What is missing? Complete the questions by writing down the missing words.

3

Lies die Antworten. Sieh dir die Fragen in Aufgabe 1 an. Welche Frage passt zu jeder Antwort?

Martin Becker, Journalist bei Radio 21, ist auf dem Hurricane Festival. Er macht ein Interview mit einem jungen Festivalfan.

❶ …
Ich heiße Max.

❷ …
Ich komme aus Hamburg.

❸ …
Ich bin seit Donnerstag hier.

❹ …
Ich habe schon die Bands „Justice" und „Mitternacht" gesehen.

❺ …
Sie waren beide fantastisch.

❻ …
Ich höre sehr gern Rap, Pop und Rockmusik. Ich finde sie viel dynamischer als andere Musikarten.

❼ …
Ja, sie heißt „Red".

❽ …
Nein, ich spiele kein Instrument, aber ich singe in einer Band.

❾ …
Ich möchte noch viele Bands sehen – vielleicht „Pax" und „Sonne und Mond".

❿ …
Nächstes Jahr …? Ich weiß es nicht, aber ich möchte auf ein anderes Musikfestival gehen!

noch = still

Looking at the language in the answers will help you to work out the questions.

Ich heiße Max. → *Wie heißt du?*

4

Hör zu und überprüfe.

5

Partnerarbeit. Partner(in) A ist Journalist(in). Partner(in) B ist Festivalfan. Mach Dialoge.

Beispiel:

■ *Hallo. Wie heißt du?*

● *Ich heiße (Jennie).*

■ *Woher kommst du?*

● *Ich komme aus (Nottingham).*

■ *…*

6 Hör zu. Welche Folgefrage folgt jeder Aussage? (1–5)
Beispiel: **1** Zum Beispiel?

Zum Beispiel?   Was denkst du?   Warum?

Und noch was?   Was für eine Band ist das?

7 Hör zu und überprüfe. (1–5)

8 Das Interview in Aufgabe 3 ist ziemlich kurz.
Schreib passende Folgefragen.
Beispiel: Sie waren beide fantastisch. → Warum?

9 Du bist auch Reporter für Radio 21. Mach
Notizen mit einem Partner/einer Partnerin
für ein Interview mit einem Festivalfan.
Sieh dir Aufgabe 3 zur Hilfe an.

Using follow-up questions
(*Folgefragen*) helps to extend the
conversation. Some general questions
work in most situations.
How do you say these in German?

For example ...?   And anything else ...?

Why?   What type of ... is it?

What do you think?

Remember to:
- include examples of *Folgefragen*
- include references to the present:
  Was für Musik hörst du gern?
  Ich höre sehr gern Rockmusik.
- Include references to the past:
  Welche Bands hast du schon gesehen?
  Ich habe schon die Band „Justice" gesehen.
- include references to the future:
  Hast du Pläne für nächstes Jahr?
  Ich möchte auf ein anderes Musikfestival gehen.
- include examples of comparative adjectives:
  Ich finde sie viel dynamischer als andere Musikarten.

Radio **21**

10 Gruppenarbeit. Benutze deine
Notizen aus Aufgabe 9. Mach ein
Interview. Partner(in) A stellt
Fragen. Partner(in) B antwortet.
Partner(in) C gibt Feedback.
Dann tauscht die Rollen.

Remember to use
intonation when you ask
questions by making your voice
go up:

Hast du eine Lieblingsband?

6 Perspektiven

➤ Understanding formal and informal register
➤ Coping with different types of texts

1 Lies die Schlagzeilen. Schreib die Tabelle ab und ordne die Schlagzeilen ein. Sind sie pro oder kontra Festivals?

1 Katastrophal! Tausende von Autos – sieben Stunden Stau vor dem Festivaleingang!

2 60.000 glückliche Musikfans hören die besten internationalen Bands!

3 Müll, Müll, überall Müll!

4 Gut für die Wirtschaft! Festivalbesucher gehen hier einkaufen.

5 Festivals zerstören die Natur!

pro	kontra
	1

2 Lies die Schlagzeilen noch mal. Wie heißt das auf Deutsch?

1 seven hour traffic jam
2 festival entrance
3 rubbish
4 everywhere
5 the economy
6 spoil

3 Lies den Chat über das Sterne Festival. Richtig oder falsch?

 Toll, toll, toll!
Hallo alle! Sterne war mein erstes Musikfestival und es war super toll! Das Festival hat so viel Spaß gemacht. Tolle Bands und eine wunderbare Atmosphäre. Bis zum nächsten Jahr!

 So freundlich!
Danke an alle Helfer und Mitarbeiter! Ihr wart so freundlich und relaxt.

 Keine Sonne!
Nur das Wetter war nicht so toll! Es hat so stark geregnet! Meine Klamotten waren alle nach dem ersten Tag nass und dreckig!

 Nicht so grün ...
Wir waren auf dem „Grünen Campingplatz", wo es relativ sauber war. Es gab aber viel zu viel Müll auf den normalen Campingplätzen und das ist sicher nicht gut für die Umwelt.

 Ja, das stimmt. Es gab auch so viele Besucher und nur einen Eingang! Naja, Sterne war der absolute Hammer! Ich habe mein Ticket für nächstes Jahr schon gekauft!

der absolute Hammer! = totally amazing! (slang)

1 Die Bands waren super.
2 Die Stimmung war nicht so gut.
3 Das Wetter war warm und sonnig.
4 Es gab weniger Müll auf dem Grünen Campingplatz.
5 geht nie wieder auf das Sterne Festival.

 ## Kulturzone
There are three ways to say 'you' in German.

du is informal and is used with family, friends, children and pets.

ihr is the plural form of *du*.

Sie is used in all formal situations with adults, e.g. in shops or at school.

4 Lies den Brief. Beantworte die Fragen auf Englisch.

1 Date, written in full.

Freitag, den 20. Februar

Michael Winter
Bahnhofstraße 6
37002 Elm

Klaus Klein
Rathausstraße 1
37004 Elm

2 Your name and full address. Underneath, the name and address of the person you are writing to.

To tackle longer texts with unfamiliar vocabulary, read the questions first. Then look for the key information you need to answer the questions and ignore non-essential words.

Sehr geehrter Herr Klein,

3 Standard formal greeting to a man. For a woman use *Sehr geehrte Frau ...* For a more general greeting, use *Sehr geehrte Damen und Herren*.

ich habe es neulich in der regionalen Zeitung gelesen: Das Sterne Festival möchte mehr Besucher – von 45.000 bis zu 60.000!

Als Einwohner von Elm muss ich die Vergrößerung vom Sterne Festivals strikt ablehnen. Letztes Jahr war ich auf dem Festival und ich habe mit eigenen Augen das Chaos gesehen. Die Besucher haben am Eingang stundenlang angestanden. Bei 60.000 Festivalfans muss man nur noch länger warten.

Zweitens gibt es nicht genug Trinkwasser hier in der Gegend. Die Trinkwasserstationen auf dem Campingplatz werden für mehr Leute nicht ausreichen.

Schließlich muss man die Umwelt bedenken. Der Müll von 60.000 Menschen wird den schönen Park für immer zerstören.

Ich bitte Sie, sich den Plan noch mal zu überlegen.

Ich freue mich darauf, bald von Ihnen zu hören.

4 Sign-off. (Variations are: **mit besten Grüßen** and **mit herzlichen Grüßen**.)

Mit freundlichen Grüßen,

Michael Winter

strikt ablehnen = to strongly oppose

ausreichen = to be sufficient

sich überlegen = to consider

1 What has Mr Winter read in the newspaper?
2 How does he feel about this?
3 What problem did he observe at last year's festival?
4 What is the second problem he mentions?
5 What environmental problem does he predict?
6 What does he ask Mr Klein to do?

5 Lies den Brief in Aufgabe 4 noch mal. Finde die Synonyme.
Beispiel: **1** möchte mehr Besucher

1 will größer werden
2 Festivalbesucher
3 in der Nähe
4 die Wasserstellen
5 Ich hoffe auf eine baldige Antwort.

 Translating

• You cannot often translate word for word.

• Work out the overall meaning of the sentence in your head, then play with the order of the words until you have English that sounds natural.

• If you look up a word in a dictionary, don't accept the first definition you find. Try different possibilities in context and see which one fits best.

• The golden rule: read aloud what you have written. If it doesn't sound right to you, it probably isn't.

6 Wähl einen Absatz von jedem Text (Aufgabe 3 und Aufgabe 4) aus und übersetze ihn ins Englische.

Lernzieltest

I can...

1

● ask and answer questions about music preferences	Was für Musik hörst du gern? Ich höre gern R&B-Musik; ich höre nicht gern Jazzmusik.
● give reasons why I like/dislike different types of music, songs and artists	Ich höre gern Rap-Musik, weil sie poetisch ist. Ich höre nicht gern Rockmusik, weil sie zu laut ist.
▪ use subject and object pronouns	Ich mag Popmusik. **Sie** ist melodisch. Mein Lieblingssänger ist Usher, weil ich **ihn** cool finde.

2

● ask and answer questions about playing an instrument	Spielst du ein Instrument? Ja, ich spiele Keyboard.
● give details about when and where I play my instrument or sing	Ich spiele jeden Montag mit meiner Band in der Garage.
▪ use *seit* to say how long I have been doing something for	Ich spiele **seit** zwei Jahren Schlagzeug. Wir spielen **seit** drei Monaten in der Band.

3

● use a range of adjectives to describe a band	Ich finde sie selbstbewusst und begabt.
▪ use comparative adjectives	„Honig" war **dynamischer** als „Stein".
⁄⁄ use key sounds to pronounce new words	Löwe ➜ größer

4

● describe a music festival in the past	Ich habe tolle Bands gesehen.
● use a range of tenses to talk about music and festivals	Ich spiele kein Instrument, aber ich höre gern Rap-Musik. Letztes Jahr bin ich auf das Glastonbury Festival gegangen. Ich werde nächstes Jahr auf das Reading Festival gehen.
▪ use some key separable verbs in the perfect tense	Ich **habe** an einem Workshop **teilgenommen**. Wir **haben** ein neues Café **ausprobiert**.

5

⁄⁄ create questions from statements and use them in an interview	Ich höre sehr gern Rap, Pop und Rockmusik. ➜ Was für Musik hörst du gern?
⁄⁄ ask several follow-up questions to keep the conversation going	Warum? Zum Beispiel?

6

⁄⁄ understand the gist and detail of authentic texts about music festivals	Festivals zerstören die Natur!
⁄⁄ recognise differences in register between formal and informal texts	Ich bitte Sie, sich noch mal zu überlegen. Sterne war der absolute Hammer!
⁄⁄ understand and use the formal and informal forms of 'you'	Ich bitte **Sie** ... **Ihr** wart so freundlich und relaxt.
⁄⁄ use skills such as paraphrasing, reading aloud and trying different word combinations to translate German into English	

Wiederholung

1 Hör zu und mach Notizen auf Englisch. (1–4)
Beispiel: **1** Tim plays …

Adeles Band

1 Tim van der Kuil
3 Derrick Wright
2 Miles Robertson
4 Sam Dixon

2 Partnerarbeit. Sieh dir das Foto an.
Wähl eine Person aus. Mach Dialoge.

- Was für Musik hörst du gern?
- Spielst du …?
- Seit wann …?
- Wo …?
- Wie oft …?
- Bist du auf ein Festival gegangen?

Use *Folgefragen* to extend the conversation:
Zum Beispiel? Warum?

SONNE UND MOND

Emma
Peter
Finn
Noah

3 Lies das Interview. Ist das Gegenwart, Vergangenheit oder Zukunft?
Schreib die Tabelle ab und kreuz die richtigen Kästchen an.

Emil, was für Musik hörst du gern?
Ich höre jetzt am liebsten Rap-Musik.
Früher habe ich gern Rockmusik gehört.
Hast du eine Lieblingsband oder einen Lieblingssänger?
Momentan habe ich keine Lieblingsband, aber ich mag den Sänger Jimmy Reis. Er ist vielleicht mein Lieblingssänger.
Bist du musikalisch? Spielst du ein Instrument?
Ich habe früher Klavier gespielt. Letzte Woche habe ich mir aber ein Keyboard gekauft, und ich werde in einer neuen Band Keyboard spielen. Ich spiele auch manchmal Gitarre.
Bist du schon mal auf ein Festival gegangen? Wie war es?
Ich war letzten Sommer auf dem Southside Festival. Es war toll! Meine Freunde und ich werden nächstes Jahr auf das Glastonbury Festival gehen.
Möchtest du an einer Talentshow teilnehmen?
Mein Freund Nils möchte an „X Factor" teilnehmen oder „Deutschland sucht den Superstar". Ich werde das aber nie machen, weil ich diese Shows immer so blöd finde!

	Gegenwart	Vergangenheit	Zukunft
Rockmusik		X	
Lieblingssänger			
Keyboard kaufen			
in einer Band spielen			
Gitarre spielen			
Southside Festival			
Glastonbury Festival			
Talentshow			

As well as the text in exercise 3, look back at all of your work from this chapter for ideas to add length and interest to your writing. You could also check the *Wörter* (pages 46–47).

4 Schreib einen Artikel oder ein Interview über Musik.
Beantworte die Fragen in Aufgabe 3.

Grammatik

Subject and direct object pronouns

There are different ways of saying 'it', depending on the gender of the noun and its function within the sentence.

When the noun is the subject of the sentence, replace it with a **subject pronoun**:

Der Hit ist gut. ➜ *Er ist gut.*
Die Band ist toll. ➜ *Sie ist toll.*
Das Lied ist cool. ➜ *Es ist cool.*

The hit is good. ➜ **It** is good.
The band is great. ➜ **It** is great.
The song is cool. ➜ **It** is cool.

When the noun is the object of the sentence, replace it with a **direct object pronoun**:

Ich mag den Hit. ➜ *Ich mag ihn.*
Ich mag die Band. ➜ *Ich mag sie.*
Ich mag das Lied. ➜ *Ich mag es.*

I like the hit. ➜ I like **it**.
I like the band. ➜ I like **it**.
I like the song. ➜ I like **it**.

Note, *ihn* also means 'him' and *sie* means 'her':
Ich mag ihn, aber ich mag sie nicht.   I like **him** but I don't like **her**.

1 Copy out each sentence. Underline the subject and circle the object, if there is one.
Example: **1** <u>Die Frau</u> singt (das Lied.)

  1 Die Frau singt das Lied.
  2 Die Schule ist sehr bekannt.
  3 Deutschland sucht den Superstar!
  4 Die Band gewinnt den Preis.
  5 Der Junge kauft die Gitarre.
  6 Der Sänger singt den Rap.

2 Rewrite each sentence from exercise 1, replacing the subject of the sentence with a subject pronoun. Translate each sentence into English.
Example: **1** Sie singt das Lied. (She sings the song.)

3 Rewrite each sentence from exercise 2, replacing the object of the sentence (if there is one) with a direct object pronoun. Translate each sentence into English.
Example: **1** Sie singt es. (She sings it.)

seit

Seit ('for' or 'since') is used with the present tense in German to say how long something has been going on:
*Ich **spiele seit** drei Jahren Hockey.*   I **have been playing** hockey for three years.

4 Replace the pictures with words to create sentences.
Example: **1** Wir spielen seit 30 Minuten am Computer.

  1 Wir 30 Minuten
  2 Ich 5 Monaten
  3 Er 2 Stunden

  4 Er 2 Jahren
  5 Sie 3 Stunden

Comparatives

To make comparisons, add **–er** to the adjective or adverb:

klein ➜ *kleiner* small ➜ smaller   *modern* ➜ *moderner* modern ➜ more modern

Some one-syllable German words add an umlaut too:

groß ➜ *größer* big ➜ bigger   *kurz* ➜ *kürzer* short ➜ shorter

Further examples are: These exceptions do <u>not</u> add an umlaut:

alt (old) ➜ *älter*   *bunt* (colourful) ➜ *bunter*

klug (clever) ➜ *klüger*   *klar* (clear) ➜ *klarer*

lang (long) ➜ *länger*   *laut* (loud) ➜ *lauter*

stark (strong) ➜ *stärker*

warm (warm) ➜ *wärmer*

Use **als** for comparing two things:

*Adele ist melodischer **als** Eminem.*   Adele is more tuneful **than** Eminem.

5 Write comparative sentences.

   Example: **1** Ein Schlagzeug ist lauter als eine Geige.

   1 drum – loud – violin   **5** rugby – dynamic – football
   2 Stephen Hawking – intelligent – Homer Simpson   **6** bear – strong – mouse
   3 summer – warm – winter
   4 Canada – big – Germany

Separable verbs in the perfect tense

Separable verbs include both a prefix (the separable part) and a **verb**, e.g. *kennenlernen, anziehen*.

In the perfect tense, the **ge-** goes in between the prefix and the **past participle**:

*Ich habe neue Freunde kennen**ge**lernt.*   I met new friends.

*Er hat Gummistiefel an**ge**zogen.*   He put on wellies.

6 Write each sentence in German using the correct past participle for the separable verb in brackets.

   1 He met lots of people. (*kennenlernen*)
   2 Yesterday I took part in a workshop. (*teilnehmen*)
   3 She put on new shoes. (*anziehen*)
   4 Last week Felix took part in a concert. (*teilnehmen*)
   5 Katie tried out a new restaurant. (*ausprobieren*)

 Remember, **ausprobieren** is irregular and doesn't add **ge-** in the perfect tense.

Wörter

Musikarten • Types of music

Ich höre gern ...	*I like listening to ...*
Ich höre nicht gern ...	*I don't like listening to ...*
Ich höre nie ...	*I never listen to ...*
R&B-Musik	*R&B music*
Jazzmusik	*jazz*
Weltmusik	*world music*
Heavy Metal-Musik	*heavy metal*
Rap-Musik	*rap*
Hip-Hop	*hip-hop*
Dance-Musik	*dance music*
Popmusik	*pop music*
Rockmusik	*rock music*
Klassische Musik	*classical music*

Wie ist die Musik? • What is the music like?

Sie ist ...	*It is ...*
toll	*great*
fantastisch	*fantastic*
originell	*original*
melodisch	*tuneful*
energiegeladen	*full of energy*
kreativ	*creative*
poetisch	*poetic*
unterhaltsam	*entertaining*
stark	*strong*
sentimental	*sentimental*
aggressiv	*aggressive*
zu laut	*too loud*
altmodisch	*outdated*
kitschig	*corny*
deprimierend	*depressing*
monoton	*monotonous*
Sie macht gute Laune.	*It puts you in a good mood.*
Sie macht schlechte Laune.	*It puts you in a bad mood.*
Sie klingt positiv/negativ.	*It sounds positive/negative.*

Wer ist dein(e) Lieblings...? • Who is your favourite ...?

Mein Lieblingssänger ist ...	*My favourite singer is ...*
Meine Lieblingssängerin ist ...	*My favourite singer (female) is ...*
Meine Lieblingsband ist ...	*My favourite band is ...*
Ich finde ihn/sie/es ...	*I find him/her/it ...*
Ihre Lieder sind ...	*Their songs are ...*
Die Melodien sind ...	*The tunes are ...*

Instrumente • Instruments

das Keyboard(–s)	*keyboard*
das Klavier(–e)	*piano*
das Saxofon(–e)	*saxophone*
das Schlagzeug	*drums*
die Gitarre(–n)	*guitar*
die Geige(–n)	*violin*
die Trompete(–n)	*trumpet*
die Klarinette(–n)	*clarinet*
Ich spiele kein Instrument.	*I don't play an instrument.*
Ich singe.	*I sing.*

Seit wann spielst du? • How long have you been playing?

Ich spiele ...	*I've been playing ...*
seit drei Jahren	*for three years*
seit sechs Monaten	*for six months*
seit der Grundschule	*since primary school*

Wie oft spielst du? • How often do you play?

Ich spiele ...	*I play ...*
jeden Tag	*every day*
einmal pro Woche	*once a week*
am Wochenende	*at the weekend*
ab und zu	*now and then*

Wo spielst du? • Where do you play?

Ich spiele ...	I play ...
zu Hause	at home
in der Schule	at school
in der Garage	in the garage
in einer Band	in a band
im Musikraum	in the music room
im Schulchor	in the school choir
im Schulorchester	in the school orchestra
im Musikunterricht	in the music lesson
in meinem Zimmer	in my room

Die Band-Kandidaten • The band hopefuls

Ich habe momentan keinen Lieblingssänger.	I don't have a favourite singer at the moment.
Ich schreibe meine eigenen Liedertexte.	I write my own songs.
Ich habe keine Erfahrung mit einer Band gemacht.	I don't have any experience in a band.
Ich kann keine Noten lesen.	I can't read music.
Ich höre Musik und spiele mit.	I listen to music and play along.
... ist mein Vorbild, weil ...	... is my idol, because ...

Wie findest du die Band? • What do you think of the band?

Ich finde sie ...	I find them ...
dynamisch	dynamic
selbstbewusst	confident
begabt	talented
locker	laid-back
alternativ	alternative
modisch	stylish
schlecht	bad
Sie sehen ... aus	They look ...
Ihre Musik ist ...	Their music is ...
Die Musik war melodischer.	The music was more tuneful.
Sie haben lauter gesungen/gespielt.	They sung/played louder.

Was hast du auf dem Festival gemacht? • What did you do at the festival?

Ich habe ...	I ...
coole Bands gesehen	saw cool bands
tolle Aktivitäten gemacht	did great activities
an einem Zirkus-Workshop teilgenommen (teilnehmen)	took part in a circus workshop (to take part)
neue Freunde kennengelernt (kennenlernen)	met new friends (to meet)
Stiefel angezogen (anziehen)	put boots on (to put on)
ein neues Café ausprobiert (ausprobieren)	tried out a new café (to try out)
exotisches Essen gegessen	ate exotic food
Karottensaft getrunken	drank carrot juice

Oft benutzte Wörter • High-frequency words

noch	still
noch nicht	not yet
noch mal	again
nicht besonders	not particularly
gestern	yesterday
dieses Jahr	this year
gleich	same
einfach	simply/easy
leider	unfortunately
Welche(r/s)?	Which?
Was für?	What type/What sort of ...?
Woher?	Where ... from?
Warum?	Why?

Wir schreiben Songs!

> ➤ Getting to know a well-known German band
> ➤ Writing lyrics for a song or rap

1 Lies den Text. Beantworte die Fragen auf Deutsch.

Beispiel: **1** Die Band hat als Schülerband in Köln angefangen.

„Die Wise Guys" sind eine deutsche Band. Sie haben als Schülerband in Köln angefangen. Die Gruppe singt meistens a cappella (ohne Instrumente) und beschreibt ihren Musikstil als „Vokal-Pop". Am Anfang haben „die Wise Guys" auf der Straße gesungen. Sie haben auch auf Geburtstagspartys und Hochzeiten gesungen.

Jetzt sind sie aber für ihre melodischen Lieder und lustigen Texte überall bekannt. Sie geben Konzerte (auch Open-Air-Konzerte) in Deutschland, Österreich, Luxemburg und in der Schweiz. Sie haben auch Konzertreisen nach Amerika und England gemacht. Früher haben sie englische Coverlieder gesungen, aber jetzt singen sie selbst komponierte, deutsche Lieder.

Sie haben bis jetzt 13 Alben gemacht. Das Doppelalbum „Zwei Welten" hat zwei Versionen von jedem Lied: eine a cappella Version und eine Version mit Instrumenten. Sie haben angefangen, auch Rapsongs zu singen.

Die Wise Guys

Hochzeiten = weddings

1 Wie hat die Band angefangen?

2 Wo haben „die Wise Guys" am Anfang gesungen? (3 Details)

3 Wie sind ihre Lieder und Texte? (2 Details)

4 Was für Lieder haben sie früher gesungen?

5 Was für Lieder singen sie jetzt?

6 Warum ist das Album „Zwei Welten" anders als ihre anderen Alben?

2 Hier ist ein Teil von einem „Wise Guys" Songtext. Lies den Text. Welches Wort passt?

Songtext: Früher

Refrain
Früher,
früher war alles besser
1 _____ ,
früher war alles besser
Früher ...

Strophe
Früher war alles besser.
Die Armen waren **2** _____ , und die Reichen etwas ärmer.
Die Kissen waren weicher, und die Sommer waren **3** _____ .
Die Tage waren heller und die Nächte **4** _____ ,
die Röcke waren **5** _____ und die Tops enger.
Es gab nur drei **6** _____ im TV,
die war'n zwar ganz genau so **7** _____ wie heute,
doch es waren nicht so viele.
Die Kugel Eis für nur **8** _____ Pfennig in der Eisdiele.
Früher ...

Früher ...

| dreißig | länger | reicher | früher |

| schlecht | wärmer | Programme | kürzer |

> To fit the words to the blanks, read the lyrics aloud. Rhyme and rhythm are important in song texts, so the sound of words in the previous or following line could help you identify the missing word.

Kulturzone

Früher gab es die Mark und den Pfennig in Deutschland. Seit 2002 gibt es den Euro und den Cent wie in vielen anderen europäischen Ländern.

3 Sieh dir den Songtext in Aufgabe 2 noch mal an. Der Sänger denkt ...
Beispiel: **1** b

1 **a** Heute ist alles besser als früher.   **b** Früher war alles besser als heute.
2 **a** Das Wetter war früher besser.   **b** Das Wetter war früher kälter.
3 **a** Die Mode war langweiliger.   **b** Die Kleidung war nicht so konservativ.
4 **a** Die Fernsehprogramme waren viel besser.   **b** Es gibt mehr Programme heute.
5 **a** Das Eis hat weniger gekostet.   **b** Das Eis war leckerer.

4 Ein Reimspiel. Partnerarbeit. Sieh dir den Songtext noch mal an. Sag ein Wort aus dem Text. Dein Partner/deine Partnerin sagt ein Wort, das sich reimt.
Beispiel:

- *viele*
- *Eisdiele*

> Always repeat speaking activities. The second time, close your book and see what you can do from memory.

5 Schreib die Tabelle ab und füll sie mit Wörtern aus, die den gleichen Laut haben.

ni**ch**t	krea**tiv**	m**an**	Sp**ie**l	schw**er**
spricht		*Hand*		*unfair*

unfair   viel   spricht   Stil   Hand   Klavier   Meer   sehr

wann   ich   positiv   Band   kann   Licht   dich   aggressiv

> Some words that rhyme are not spelled with the same letter strings, so sound out the words in exercise 5 to help you categorise them correctly.

6 Sieh dir die Wörter in Aufgabe 5 und dieser Projektzone noch mal an. Schreib ein Paar kurze Sätze.
Beispiel:

> *Gitarre in der Hand*
> *Ich spiele in der Band.*

7 Gruppenarbeit. Sieh dir die Songtitel von „den Wise Guys" an. Wähl dir einen Titel aus und schreib eine Strophe oder einen Refrain. Du kannst ein Lied oder einen Rap schreiben.

Achtung! Ich will tanzen   **Nein, nein, nein!**   *Mein neues Handy*

Du bist die Musik   *Jeden Samstag*   Ohrwurm

> When creating your song or rap, try to:
> - use memorable, catchy words that repeat
> - use words you are confident about saying (keep it simple)
> - use matching key sounds or rhymes
> - use an easy tune for a song **or** a strong rhythm for a rap.

Kulturzone
Wenn ein Lied toll ist und man die Melodie nicht vergessen kann, sagt man: „Das Lied ist ein Ohrwurm!"

Eine neue Band

1 Lies die Kritik des Albums „Bis zum Mond".
Beantworte die Fragen auf Deutsch.

„Bis zum Mond" – Mond und Sterne

„Bis zum Mond" ist das zweite Album der Band „Mond und Sterne". Das erste Album „Der Himmel in deiner Hand" ist schon legendär und hat sich über fünf Millionen Mal verkauft.

Das zweite Album ist noch besser als das erste, kreativer und intensiver. Drei Lieder waren schon Hits: „Bis zum Mond", „Deine Welt" und „Warum nicht?" Sie sind melodisch, energiegeladen und poetisch. Ich mag diese Band, weil sie so positiv klingt. Sie macht einfach gute Laune.

Am 27. Juni werde ich zum „Mond und Sterne"-Live-Konzert in Hamburg gehen und ich denke, der Abend wird unvergesslich sein.

Stefanie Zoll, Journalistin, *AF Musik*

Songliste

1 Bis zum Mond
2 Kaputt
3 Letztes Jahr
4 Deine Welt
5 Ich will nach Hause
6 Warum nicht?
7 Heiß und kalt
8 Das Schwarz ist weiß
9 Das Leben ist schöner
10 Du bist meine Antwort

1 Wie viele Alben hat „Mond und Sterne" gemacht?
2 Wie viele Kopien hat die Band vom ersten Album verkauft?
3 Was denkt die Journalistin über das zweite Album?
4 Welche Songs waren schon in den deutschen Single Charts?
5 Warum mag die Journalistin die Band „Mond und Sterne"? (2 Details)
6 Was wird sie im Juni machen?

2 Sieh dir die Songliste in Aufgabe 1 an. Übersetze sie ins Englische.

3 Sieh dir die Tourtermine und die Landkarte an. Wo ist das? (1–12)
Look at the tour dates and the map. Where is that?
Beispiel: 1 Salzburg

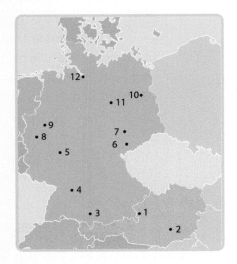

Wir sind wieder auf Tournee!
Bis zum Mond Sommer-Konzerte

26. Mai	**Salzburg** – Salzburgarena
28. Mai	**Graz** – Stadthalle
01. Juni	**Altusried, Bayern** – Freilichtbühne
04. Juni	**Stuttgart** – Killesberghöhe Freilichtbühne
07. Juni	**Hanau, Hessen** – Amphitheater Hanau
08. Juni	**Zwickau, Sachsen** – Schwanenteich Freilichtbühne
09. Juni	**Leipzig** – Conne Island
13. Juni	**Köln** – Open-Air am Tanzbrunnen
18. Juni	**Bochum, Nordrhein-Westfalen** – Zeltfestival Ruhr
20. Juni	**Berlin** – Kindl-Bühne Wuhlheide
21. Juni	**Magdeburg** – Domplatz
27. Juni	**Hamburg** – 02 World

4 Lies die Sätze. Was passt zusammen? Verbinde die Überschriften (1–5) mit den passenden Textabschnitten (a–e).
Beispiel: **1** d

1 der Bandname und die Heimatstadt
2 die Bandmitglieder
3 die Bandgeschichte
4 der Erfolg in den Charts
5 die Tourpläne

Mond und Sterne

a Die Bandmitglieder haben sich 2003 in der Schule kennengelernt und „Mond und Sterne" war geboren.

b Die Band ist schon viermal auf Tour gegangen. Diesen Sommer gibt sie Konzerte in Deutschland und Österreich.

c Die Band hat 2005 den Wettbewerb „SchoolJam" gewonnen und hat seit 2007 einen Vertrag bei Universal.

d „Mond und Sterne" ist eine Pop-Band aus Hamburg in Deutschland.

e Ihre erste Single, „Alles", hat eine Top-Ten-Platzierung in den deutschen Single Charts erreicht. Das erste Album, „Der Himmel in deiner Hand", war auf Platz 1 in den Album Charts.

der Vertrag = contract   **erreichen (erreicht)** = to reach (reached)

5 Partnerarbeit. Sieh dir die deutschen Bands an. Wähl eine Band aus und such Informationen. Schreib einen kurzen Text. Beantworte die folgenden Fragen.

- Was für eine Band ist das?
- Wie viele Mitglieder hat die Band? Wie heißen sie?
- Welches Instrument spielen sie in der Band?
- Welche Hits hat die Band schon gehabt?
- Wie viele Alben hat die Band produziert? Wie heißen sie?
- Ist die Band schon auf Tour gegangen? Wann und wo?

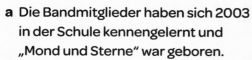

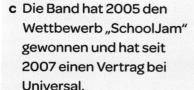

Fettes Brot

Tokio Hotel

DIE ÄRZTE

Sportfreunde Stiller

Die Prinzen

Silbermond

Juli

6 Gruppenarbeit. Erfinde eine neue Band.

- Wähl einen Bandnamen und Identitäten für die Bandmitglieder aus.
- Schreib eine kurze Bandbiografie.
- Mach ein Design für eine CD-Hülle für das neue Album.
- Schreib eine Songliste für das neue Album.
- Plane Termine und Tourziele für eine Tour in Deutschland, Österreich und in der Schweiz.

7 Gruppenarbeit. Deine Band möchte in der O2 Arena in London spielen. Präsentiere sie dem O2 Personal (deine Klasse!). Benutze dein Material aus Aufgabe 6.

1 Sieh dir die vier Bilder an. Welcher Titel passt?

ERNST LUDWIG KIRCHNER

FRANZ MARC

ERNST LUDWIG KIRCHNER

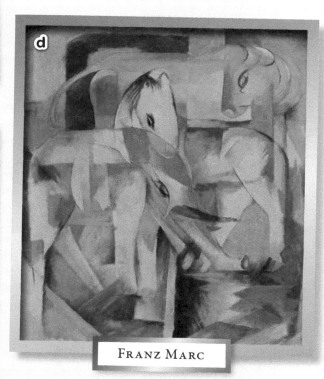

FRANZ MARC

1 Elefant, Pferd, Rind, Winter
2 Das Wohnzimmer
3 Zwei Pferde auf der Weide
4 Waldstraße

2 Sieh dir die Bilder noch mal an. Lies die Sätze. Welches Bild ist das?

1 Es gibt zwei Tiere.

2 Das Tier schläft.

3 Auf dem Bild sind Menschen.

4 Es ist in einem Haus.

5 Die Tiere sind vielfarbig.

6 Es gibt keine Tiere.

3 Sieh dir die Bilder an. Sind die Sätze richtig oder falsch?

CASPAR DAVID FRIEDRICH

AUGUST MACKE

1 Die Person steht auf einem Berg.

2 Es regnet nicht.

3 Die Person schläft.

1 Vier Frauen sitzen am Tisch.

2 Eine Frau liest.

3 Eine Flasche steht auf dem Tisch.

Kulturzone

Tomma Abts ist kreativ. Ihre Ambition war es, professionelle Künstlerin zu werden und sie hat es geschafft. Sie hat 2006 den Turner-Preis gewonnen. Jetzt arbeitet sie in London. Ihr Kunststil ist abstrakt und hat geometrische Formen. Suche ihre Bilder im Internet!

1 Wahnsinn!

1 Lies den Test.

Was würdest du machen?

Bist du abenteuerlustig oder ängstlich ?

Bist du mutig oder vorsichtig ?

Bist du kühn oder feige ?

Oder bist du verrückt ?

Mach unseren Test! Wähle **A**, **B** oder **C** für jede Aktivität.

A ✗ Ich würde das nie machen.

B ❓ Ich würde das vielleicht machen.

C ✔ Ich würde das bestimmt machen.

1 Ich würde mit Haifischen schwimmen.

2 Ich würde Extrembügeln machen.

3 Ich würde Fallschirm springen.

4 Ich würde zum Mond fliegen.

5 Ich würde Kakerlaken essen.

6 Ich würde den Mount Everest besteigen.

7 Ich würde Zorbing machen.

8 Ich würde durch eine Wüste joggen.

Bewertung A 1 Punkt B 2 Punkte C 3 Punkte

8-10 Punkte: Du bist zu feige und ängstlich! Du solltest mutiger sein!

11-16: Du bist ziemlich mutig, aber du respektierst deine Grenzen.

17-22: Du bist kühn und abenteuerlustig, aber du solltest vorsichtiger sein.

23-24: Du bist sehr kühn oder extrem verrückt!

2 Hör zu. Notiere Svens Antworten (A, B oder C). Wie viele Punkte hat er?

Beispiel: **1** B

3 Gruppenarbeit. Partner(in) A macht den Test mit Partner(in) B. Partner(in) C wiederholt und schreibt die Antworten auf.

Beispiel:

● *Nummer 1: Anna, würdest du mit Haifischen schwimmen?*

■ *Nein, das würde ich nie machen! Ich bin nicht verrückt!*

◆ *Anna würde nie mit Haifischen schwimmen. Das ist Antwort A. Ach, Anna, du bist so feige!*

Grammatik

> Page 68

The conditional is used to say what you **would** or **would not** do. It is used with an infinitive verb at the end of the sentence.

ich würd**e**	
du würd**est**	
er/sie/es/man würd**e**	+ infinitive
wir würd**en**	… machen
ihr würd**et**	… essen
Sie würd**en**	… trainieren
sie würd**en**	

Ich **würde** Insekten **essen**.	I **would eat** insects.
Sie **würde nicht** Zorbing **machen**.	She **would not do** zorbing.
Er **würde** zum Mond **fliegen**.	He **would fly** to the moon.

4 Hör zu und lies den Text. Wie heißt das auf Deutsch? Schreib es auf.

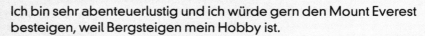

Ich **würde** ... machen.
I **would** do ...

Ich **würde gern** ... machen.
I **would like** to do ...

EXTREMSPORT
WAS WÜRDEST DU MACHEN?

KATHARINA

Ich bin sehr abenteuerlustig und ich würde gern den Mount Everest besteigen, weil Bergsteigen mein Hobby ist.

Letztes Jahr war ich in den Alpen und ich habe die Zugspitze bestiegen. Das war toll!

Ich würde mich natürlich sehr gut vorbereiten – bei Temperaturen von minus 30 Grad muss man vorsichtig sein. Ich würde viel trainieren, weil der Mount Everest so hoch und gefährlich ist. Ich würde in den Alpen wandern und ich würde einen schweren Rucksack tragen. Ich würde auch gesund essen und Energiegetränke trinken.

Ich muss auf meinen Traumurlaub sparen und ich hoffe, ich werde das in den nächsten drei Jahren schaffen.

sich vorbereiten = to prepare

1 in temperatures of ...
2 degrees
3 energy drinks
4 dream holiday
5 to save
6 to manage to do

To help you work out unknown words:
- look at the context to see what might fit
- look for cognates and familiar words.

5 Lies den Text noch mal und beantworte die Fragen auf Deutsch.

1 Was für eine Person ist Katharina?
2 Welchen Berg würde sie gern besteigen?
3 Wie kalt würde es auf dem Berg sein?
4 Wo würde Katharina trainieren?
5 Wie würde sie essen?
6 Wann wird Katharina ihren Traumurlaub machen?

With reflexive verbs, e.g. **sich** vorbereiten (to prepare oneself), remember to match the **reflexive pronoun** to the subject:

Ich würde **mich**
Du würdest **dich** } vorbereiten.
Er/Sie würde **sich**

6 Schreib einen Bericht.

- Was für eine Person bist du?
- Was würdest du gern machen?
- Wie würdest du dich darauf vorbereiten?
- Was würdest du nie machen?
- Was hast du schon gemacht?

Ich würde (nie) ...

If you don't know all the vocabulary you need:
- think of things you **do** know how to say instead
- use Katharina's text as a model – borrow and adapt the language
- look up words in a dictionary – but don't be too ambitious.

in der Wüste Rad fahren.   Brennnesseln essen.   mit Krokodilen schwimmen.

zum Mars fliegen.   ...

2 Mein Job

1 Was passt zusammen? Finde die Paare.

> Warum möchtest du einen Job haben?

> Ich möchte einen Job haben, ...

1 um Geld zu verdienen

2 um Erfahrung zu bekommen

3 um meinen Lebenslauf zu verbessern

4 um selbstständiger zu werden

5 um Spaß zu haben

6 um Leute kennenzulernen

Grammatik
> **Page** 68

Um ... zu (in order to) is used with an infinitive, which goes at the end of the sentence.

um Geld **zu** verdienen
in order to earn money

There is usually a comma before **um**.

Ich arbeite, **um** Geld **zu** verdienen.
I work in order to earn money.

For separable verbs, e.g. kennenlernen, **zu** goes between the prefix and the verb:

Ich arbeite, **um** Leute kennen**zu**lernen.
I work in order to meet people.

a in order to gain experience
b in order to get to know people
c in order to have fun
d in order to earn money
e in order to become more independent
f in order to improve my CV

2 Hör zu und überprüfe. (1–6)

3 Lies die Blogs. Welcher Job ist das? Finde die Paare.
Beispiel: **1** f

1 **Thomas:** Ich möchte als Zeitungsausträger arbeiten. Das kann ich ziemlich schnell mit dem Rad machen.

2 **Katja:** Ich mag Kinder. Ich möchte als Babysitterin arbeiten.

3 **Finn:** Ich schwimme sehr gern und verbringe viel Zeit in der Schwimmhalle. Ich möchte als Bademeister arbeiten, um Erfahrung zu bekommen. Mit dem Geld würde ich auch selbstständiger werden.

4 **Paul:** Ich bin freundlich. Ich möchte als Kellner in einem Café oder Restaurant arbeiten, um Geld zu verdienen und Leute kennenzulernen.

5 **Eva:** Ich möchte in einem Sportzentrum als Trainerin arbeiten. Das würde Spaß machen und meinen Lebenslauf verbessern.

6 **Ben:** Ich arbeite gern mit Tieren. Um Erfahrung zu bekommen, möchte ich als Hundeausführer arbeiten.

4 Hör zu. Welchen Job möchten sie und warum? Schreib die Tabelle ab und füll sie aus. (1–6)

	Job	Reason
1	work in a cafe	to gain experience

When it's a girl talking, the word for the job ends in **–in**, e.g. Trainer ➤ Trainerin.

5 Lies die Texte. Schreib die Tabelle ab und füll sie auf Englisch aus.

Sebastian

Ich arbeite seit sechs Monaten als Hundeausführer für Nachbarn, um Geld zu verdienen. Ich bin nicht ängstlich und ich mag den Job, weil ich viel Spaß mit den Hunden habe, auch bei schlechtem Wetter. Wir laufen, wir spielen mit einem Ball und ich bleibe fit – das finde ich gut! Es gibt nur einen Nachteil: Man muss den Hundedreck aufsammeln. Igitt!

Antje

Ich arbeite seit einer Woche in einem Café, um Erfahrung zu bekommen und selbstständiger zu werden. Die Arbeit ist hart und langweilig: Man muss die ganze Zeit in der Küche verbringen, man muss abwaschen, sauber machen, Salate vorbereiten, aber man darf nichts essen. Ich bin nicht faul, aber ich würde den Job nicht empfehlen und ich möchte einen Job in einem Supermarkt finden.

Name	Job	Reason	Duties	Overall opinion
Sebastian				

> Remember to use **seit** (since, for) with the present tense.
>
> *Ich arbeite **seit** sechs Monaten als ...*
> I've been working **for** six months as a ...
>
> *Ich habe den Job **seit** Januar.*
> I've had the job **since** January.

6 Lies die Texte noch mal. Wie heißt das auf Englisch?

1 der Nachteil   3 aufsammeln   5 die Küche
2 der Hundedreck   4 die ganze Zeit   6 empfehlen

7 Beantworte die Fragen auf Deutsch.

1 Seit wann arbeitet Sebastian als Hundeausführer?
2 Was findet Sebastian gut?
3 Was macht Sebastian nicht gern?

4 Warum mag Antje die Arbeit nicht? (2 Gründe)
5 Wie ist Antje?
6 Wo möchte Antje arbeiten?

8 Partnerarbeit. Stell und beantworte die Fragen.

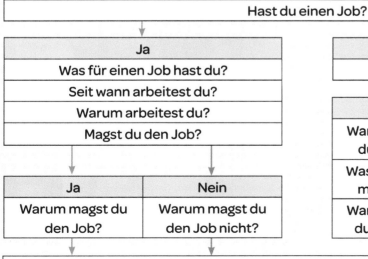

Hast du einen Job?

Ja
Was für einen Job hast du?
Seit wann arbeitest du?
Warum arbeitest du?
Magst du den Job?

Ja	Nein
Warum magst du den Job?	Warum magst du den Job nicht?

Nein
Möchtest du einen Job haben?

Ja	Nein
Warum möchtest du einen Job?	Warum möchtest du keinen Job?
Was für einen Job möchtest du?	Was möchtest du denn machen?
Warum möchtest du diesen Job?	Warum möchtest du das machen?

Was für eine Person bist du?

1 Verbinde die Satzhälften. Dann hör zu und überprüfe. (1–6)

1 Ich würde gern für Oxfam arbeiten, aber

2 Ich würde gern heiraten und danach möchte

3 Ich würde gern um die Welt reisen und

4 Ich möchte sehr reich werden, dann

5 Ich möchte Schauspielerin werden

6 Ich möchte Fußballprofi werden,

a ich zwei oder vielleicht drei Kinder haben.

b dann würde ich später als Fußballmanager arbeiten.

c und später würde ich gern in Hollywood arbeiten.

d würde ich ein superschnelles Auto kaufen.

e zuerst möchte ich Soziologie an der Uni studieren.

f später möchte ich in Australien leben.

*Ich möchte Fußballprofi **werden**.*
In this sentence, **werden** is used to mean 'to be' or 'to become'.
*Ich möchte Fußballprofi **werden**.*
I would like **to become** a professional football player.

Aussprache
Use phonics to help with pronunciation:

möchte   später

2 Sieh dir Aufgabe 1 an. Finde die vier Zeitwörter und schreib sie auf.

- How are they pronounced?
- What do you think they mean?
- How do they affect the word order?

Grammatik

➤ Page 69

Remember to put the **verb** second after words like *zuerst* (first of all), *dann* (then), *danach* (after that) and *später* (later).

❶ ❷   ❶ ❷ ❸
*Ich **möchte** im Ausland leben.* ➔ *Später **möchte** ich im Ausland leben.*
Later I'd like to live abroad.

3 Partnerarbeit. Was würden die Stars als Kinder sagen?
Beispiel: **a**

● *Benedict, was möchtest du später machen?*
■ *Ich würde gern Schauspieler werden, dann würde ich viel Geld verdienen.*

Benedict Cumberbatch

David Beckham

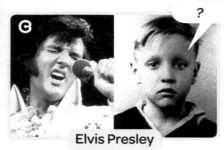

Elvis Presley

Miranda Hart

4 Hör zu. Beantworte die Fragen für Julia und Ben. (1–2)

Beispiel: **Julia 1** freundlich

1 Was für eine Person ist er/sie?   **2** Was möchte er/sie tun?   **3** Was hat er/sie schon gemacht?

 5 Partnerarbeit. Beantworte die Fragen aus Aufgabe 4. Benutze deine Notizen als Hilfe.

Beispiel:

● *Was für eine Person ist Julia?*

■ *Julia ist freundlich.*

● *...*

 6 Mach das Buch zu. Hör dir das Lied an und mach Notizen. Welche Ambitionen hörst du?

 7 Hör noch mal zu. Lies mit und überprüfe. Dann sing mit!

Ambition und Realität

Ich möchte Fußballprofi werden.
So verdient man sehr viel Geld.
Ich würde gern für Deutschland spielen,
Berühmt sein – auf der ganzen Welt.

Aber ... ich muss noch viel trainieren!

Ich würde gern ein Flugzeug kaufen,
Dann möchte ich Pilotin sein.
Ich würde um die Welt reisen,
Von Land zu Land – das ist so fein.

Aber ... zuerst muss ich viel Geld verdienen!

Ich möchte Popsängerin werden.
In einer Gruppe würde ich singen.
Wir würden gern auf Tournee gehen.
Dann möchte ich im Ausland leben.

Aber ... ich darf noch nicht die Schule verlassen!

Ich würde gern bei Porsche arbeiten.
Zuerst möchte ich auf die Uni gehen,
Später würde ich dann heiraten
Und Kinder haben, ach, so schön!

Aber ... zuerst sollte ich vielleicht eine Freundin haben!

 8 Stell dir vor. Du bist eine prominente Persönlichkeit. Was würdest du als Teenager sagen? Was sind deine Ambitionen? Schreib einen Bericht.

Beispiel:

Gary Lineker als Teenager

Ich möchte Fußballprofi werden, dann würde ich vielleicht im Ausland arbeiten. Ich bin sehr freundlich und ich würde gern Spanisch lernen, um mit meinen Kollegen zu sprechen.

Später würde ich gern im Fernsehen arbeiten, weil ich Sportsendungen sehr interessant finde. In zehn Jahren möchte ich heiraten ...

 Use sequencers and time phrases to structure your writing:

zuerst (first of all)
dann (then)
danach (after that)
später (later)
in einem Jahr (in 1 year)
in drei Jahren (in 3 years)

➤ Talking about working in a ski reso...
➤ Using **in** and **auf** with the accusati...
and dative cases

1 Sieh dir die Wörter an (a–j). Wie sagt man das?

2 Sieh dir die Bilder an und hör zu.
Welches Bild ist das? (1–10)
Beispiel: **1** h

a das Café/das Restaurant

b das Hotel

c die Skischule

d das Souvenirgeschäft

e der Skiverleih

f die Kinderkrippe

g der Berg

h der Gletscher

i die Piste

j der Wellnessbereich

3 Hör zu und überprüfe.

Grammatik

> **Page** 69

in = in or into   *auf* = on or onto

If you want to talk about being **in** or **on** something, the word for 'the' needs to be in the **dative**.

If there is movement involved and you want to talk about going **into** or **onto** something, the word for 'the' needs to be in the **accusative**.

	Dative		Accusative	
masc. (**der**)	in **dem**	auf **dem**	in **den**	auf **den**
fem. (*die*)	in *der*	auf *der*	in *die*	auf *die*
neut. (**das**)	in **dem**	auf **dem**	in *das*	auf *das*
pl. (*die*)	in **den**	auf **den**	in *die*	auf *die*

das Hotel ➔ Ich arbeite **in dem** Hotel.
I work **in the** hotel.

das Hotel ➔ Ich gehe **in das** Hotel.
I am going **into the** hotel.

der Berg ➔ Ich bin **auf dem** Berg.
I am **on the** mountain.

der Berg ➔ Ich gehe **auf den** Berg.
I am going **onto the** mountain.

(Sometimes *in dem* gets shortened to *im*.)

(Sometimes *in das* gets shortened to *ins*.)

4 Hör zu. Welche Form von *in* oder *auf* hörst du? (1–6)
Beispiel: **1** im Souvenirgeschäft

5 Übersetze deine Antworten (Aufgabe 4) ins Englische.
Beispiel: **1** in the souvenir shop

6 Hör zu und lies die Texte. Schreib zwei Sachen auf, die Katja und Darius tun möchten.

Katja und Darius arbeiten in Wengen, einem Skiort in der Schweiz.

Im Winter arbeite ich am Wochenende in der Skischule, um Erfahrung zu bekommen. Ich würde gern Skilehrerin werden, aber zuerst muss ich viel studieren und die Prüfungen sind gar nicht einfach. Ich werde mich auf die nächste Prüfung im Dezember vorbereiten und ich hoffe, ich habe genug gelernt. Ich habe seit fünf Jahren eine tolle Ambition: Ich würde gern den Mount Everest besteigen und dann würde ich auf Skiern wieder runterfahren. Das ist bestimmt sehr gefährlich, aber ich bin mutig und es würde Spaß machen!

Katja

Darius

Ich bin ziemlich abenteuerlustig und würde gern in Thailand leben, um dort ein Restaurant zu eröffnen. Ich muss aber zuerst studieren und auch Geld verdienen. Ich war vor zwei Jahren dort und ich habe die Leute so freundlich gefunden. In den Ferien arbeite ich hier im Hotel als Küchenhilfe, um meinen Lebenslauf zu verbessern. Der Job ist ziemlich gut bezahlt, aber man muss lange arbeiten. Man hat auch nur einen freien Tag pro Woche. Ich gehe also einmal pro Woche auf den Berg und fahre Ski oder wandere, um mich zu erholen.

sich vorbereiten = to prepare oneself   **sich erholen** = to relax, recuperate

7 Lies die Texte noch mal und beantworte die Fragen auf Englisch.

1 What sort of job does Katja do and why?
2 What does she think of the exams and when is her next one?
3 Which ambition would Katja like to fufil later?

4 What must Darius do before opening a restaurant?
5 What are the disadvantages of Darius' job?
6 How does he relax?

8 Hör zu und beantworte die Fragen auf Englisch.

1 How long has Bettina lived in Wengen?
2 Who does she live with?
3 What did she do last year and why?

4 What did the job allow her to do?
5 What is she going to do next summer?
6 What are her future plans? (2 details)

9 Stell dir vor, du arbeitest im Skiort. Du bist Steffi (die Skilehrerin), Renate (die Rezeptionistin) oder Klaus (der Kellner). Schreib ein paar Sätze auf.

Here are some ideas to help you with your writing.

- Borrow and adapt language from exercises 6 and 8.
- Include present, perfect, and conditional (würde gern) verbs.
- Use time expressions (e.g. *zuerst, dann*).

- Was machst du? Warum?
- Was hast du schon gemacht?
- Was würdest du gern oder nicht gern machen?

5 Eine Nachricht

➤ Understanding and responding to voicemail messages
➤ Transcribing and decoding language

1 Hör zu. Sieh dir die Details an.
Was ist die richtige Reihenfolge? (1–6)
Beispiel: **1** Name

Zimmer?   Wann?   Frage?

Telefonnummer?   Name?   Wie lange?

An der Rezeption

2 Hör zu und schreib die Telefonnummern auf. (1–6)

3 Partnerarbeit. Lies die Telefonnummern laut vor.
Dein Partner/deine Partnerin überprüft.
Beispiel:

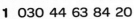

Null, drei, null; vierundvierzig, dreiundsechzig, vierundachtzig, zwanzig.

Das stimmt!

German speakers often say the area code in individual digits (0134 ➜ *null, eins, drei, vier*), and then say the local number in pairs (39 86 54 ➜ *neununddreißig, sechsundachtzig, vierundfünfzig*).
They might say **zwo** instead of *zwei* to avoid confusion with *drei*.

1 030 44 63 84 20
2 040 31 65 47 70
3 01631 48 23 19
4 0221 50 86 63 39
5 0511 15 01 86 32
6 089 24 64 81 15

Aussprache
Pronounce clearly. Remember the key sounds:

z as in

ei as in

and **ie** as in

4 Hör dir die Nachricht aus Aufgabe 1 noch mal an. Schreib das
Formular ab und füll es aus.

HOTEL EISENACH Reservierungen

Name	
Zimmer	
Ankunft	4. Dezember
Abfahrt	
Andere Details / Fragen	Was kostet das Zimmer?
Telefonnummer	

When you hear an unfamiliar word, use sound-spelling links to transcribe it. You can often work out what a word means when you see it written down. Try this with the word for the type of hotel room in exercise 4.

5 Hör dir die Nachrichten an. Ist das Gegenwart, Vergangenheit oder Zukunft? (1–6)

Listen to the messages. Do they refer to the present, the past or the future?
Beispiel: 1 Gegenwart

Recognising key structures can help you decode the meaning of longer phrases. In this exercise there aren't many time phrases to help you identify the tenses, so you need to listen out for the verbs.

Perfect tense phrases: main verb at the end, often starting **ge-**.

Future tense phrases: part of ***werden***, infinitive verb at the end.

6 Hör dir die Nachrichten noch mal an. Mach Notizen auf Deutsch. (1–6)

When you note down the details from a spoken message, select the key words that convey the message meaning. These often appear at the end of the phrase:

> *Ich möchte einen Tisch im Hotelrestaurant reservieren. Wir sind acht Personen. Wir möchten den Tisch für heute Abend um neunzehn Uhr reservieren. Der Name ist Müller, Jens Müller.*

> *Tisch im Hotelrestaurant reservieren*
> *8 Personen*
> *Heute Abend – 19 Uhr*
> *Name – Müller*

7 Sieh dir deine Notizen für Aufgabe 6 an. Schreib eine E-Mail an die Hotelmanagerin, Frau Edelmann, um die Infos weiterzugeben.

Look at your notes for exercise 6. Write an email to the hotel manager, Mrs Edelmann, to pass on the information.

Beispiel:

1 Lisa Braun vom Touristeninformationsbüro hat eine Frage: Haben wir Zimmer frei?

When writing down messages to forward to another person, you might need to change the subject (person) of the verb:

„*Mein Name ist Frau Brockelmann.* **Ich habe** *ein Problem.*" ➜
Eine Nachricht von Frau Brockelmann. **Sie hat** *ein Problem.*
(A message from Mrs Brockelmann. She has a problem.)

6 Ich möchte Malerin werden

> ➤ Understanding and responding to a range of texts
> ➤ Describing an artist and painting in detail

1 Hör zu und lies. Richtig oder falsch?

Leonie Finkel

Ich möchte später Malerin werden. Als Sommerjob arbeite ich in einer kleinen Kunstgalerie, um Erfahrung zu bekommen und um ein bisschen Geld zu verdienen. Ich mag den Job, weil ich viel über Kunst und Künstler lerne. Ich habe viele neue Ideen bekommen.

Wenn ich die Schule verlasse, würde ich gern auf die Uni gehen, um Kunst zu studieren. Ich will Malerin werden, um kreativ und selbstständig zu arbeiten. Ich interessiere mich nicht für das Geld, aber ich möchte berühmt werden!

Tiere sind meine Passion. Daher ist Franz Marc mein Lieblingsmaler. Ich liebe seine Bilder, weil er so oft Tiere, besonders Pferde, gemalt hat. Ich male immer Pferde, weil sie meine Lieblingstiere sind.

In der Galerie haben wir ein Bild von Franz Marc, „Der blaue Fuchs". Ich habe eine Interpretation zu diesem Bild und auch eine Biografie von Franz Marc für ein Schulprojekt geschrieben.

1 Leonie's ambition is to be a doctor.
2 She likes her summer job.
3 Money is not important to her.
4 She loves animals.
5 She cannot paint horses.
6 She has written about Franz Marc for a school project.

2 Lies den Text noch mal. Beantworte die Fragen auf Deutsch.

1 Was möchte Leonie später werden?
2 Wo arbeitet sie jetzt?
3 Wie findet sie den Job? Warum?
4 Was möchte sie studieren?
5 Warum ist Franz Marc ihr Lieblingsmaler?
6 Was hat sie als Schulprojekt gemacht?

3 Lies Leonies Interpretation zum Bild „Der blaue Fuchs". Zu welchem Teil des Bildes gehören die Texte?

Read Leonie's interpretation of 'The Blue Fox'. Which part of the picture does each caption belong to?

f
Der Stil ist expressionistisch. Marc hat versucht, Emotionen zu transportieren.

e
Im Vordergrund gibt es rechts nur einen Baum und eine Pflanze.

d
Die Natur im Hintergrund ist sehr einfach. Es gibt kein Wetter im Bild.

a In der Mitte des Bildes ist ein blauer Fuchs.

Der blaue Fuchs (1911) FRANZ MARC

b
Der liegende Fuchs sieht nach unten. Er ist wach und sieht nachdenklich aus.

c
Die Farben sind unnatürlich und intensiv: gelb und blau. Der Farbkontrast hebt den Fuchs hervor.

nachdenklich = thoughtful
hervorheben = to emphasise

4 Lies Leonies Interpretation noch mal. Welcher Satz (1–6) passt zu jedem Textabschnitt (a–f)?
Beispiel: **1** d

1 Die Landschaft ist wenig detailliert. Es gibt keine Sonne im Bild.

2 Es gibt wenig im Vordergrund.

3 Das Tier ist die zentrale Figur und ist direkt in der Mitte.

4 Die intensiven Farben betonen den Fuchs.

5 Franz Marc hat nicht realistisch gemalt.

6 Das Tier liegt auf dem Boden, aber schläft nicht.

 5 Hör zu und lies Leonies Biografie von Franz Marc. Wie heißt das auf Deutsch?

FRANZ MARC: EINE BIOGRAFIE

Der deutsche Maler Franz Marc ist **1880** in München geboren. **1899** ist er an die Universität gegangen, um Theologie zu studieren. Seine Ambition war aber, Maler zu werden. Er hat **1900** ein Malereistudium an der Münchner Akademie angefangen.

1903 ist Franz Marc nach Paris gefahren. Dort hat er die Bilder von Vincent van Gogh und von den anderen Impressionisten gesehen. **1904** hat Franz Marc vor allem an Tierbildern gearbeitet. Sein Stil ist stilisierter und einfacher geworden. **1907** ist Marc zum zweiten Mal nach Paris gereist.

1910 war die erste Ausstellung seiner Bilder in der Galerie Brakl. Er hat auch den Maler August Macke kennengelernt.

Marc hat **1911** mit seinem Freund Wassily Kandinsky die Künstlergruppe „Der Blaue Reiter" gegründet. Marc hatte neue Ideen durch die Symbolkraft von Farben.

1914 war Marc Soldat im Ersten Weltkrieg. Am vierten März **1916** ist Marc als Soldat in Verdun gefallen. Er hatte sein Skizzenbuch dabei.

Im November **2007** hat ein Fan 20 Millionen Dollar für Franz Marcs „Der Wasserfall (Frauen unter einem Wasserfall)" im New Yorker Auktionshaus Sotheby's gezahlt – eine Rekordsumme.

1 the painter
2 the pictures
3 simpler
4 for the second time
5 the exhibition
6 met
7 the group of artists
8 in the First World War
9 his sketch book

 6 Lies die Biografie noch mal. Schreib die Tabelle ab und vervollständige sie auf Englisch.

1880	*Painter Franz Marc was born in Munich.*
1899	
1903	
1904	*Marc mainly painted animal pictures. His art more stylised and simpler.*
1910	
1911	*Marc co-founded group of artists 'The Blue Rider'. New ideas about the symbolic power of colour.*
1914	*Marc soldier in the First World War.*
1916	
2007	

 Use these strategies when tackling more challenging texts with unfamiliar language.

- Look for familiar words (or parts of words): *Symbolkraft* ➜ is obviously to do with symbols or symbolism.
- Remember that German words are often two words joined together: *Tierbildern* ➜ *Tier* + *Bilder*.
- Consider words surrounding the unfamiliar word in the sentence.
- Think about the context and use logic. What makes sense?

Lernzieltest

I can...

1

● discuss crazy things that I would/would not do	Ich würde nie mit Haifischen schwimmen!
● use adjectives to describe personality	Bist du abenteuerlustig oder ängstlich?
● ask and say what I would do to prepare for an event or activity	Wie würdest du dich vorbereiten? Ich würde bestimmt oft trainieren und viel Wasser trinken.
■ use the conditional to say what I and others would do	Ich **würde** Insekten **essen**. Er **würde** den Mount Everest **besteigen**.
■ use the conditional with *gern* to say what I and others would like to do	Ich **würde gern** Zorbing **machen**.

2

● give reasons for wanting to have a job	Ich möchte einen Job haben, um Geld zu verdienen.
● discuss the type of job I would like to do	Was für einen Job möchtest du? Ich möchte als Babysitter(in) arbeiten. Ich möchte in einem Café arbeiten.
■ use *um ... zu* (in order to) to give reasons	Ich arbeite, **um** selbstständiger **zu** werden.
■ use *seit* to say how long I've been doing a job	Ich arbeite **seit** einer Woche in einem Café.

3

● ask and answer questions about future plans	Was würdest du gern machen? Ich würde gern auf die Uni gehen.
■ use correct word order in longer sentences with time phrases or sequencers	Ich würde gern heiraten und danach möchte ich Kinder haben.
✎ use my knowledge of key sounds to help with pronunciation	**mö**chte sp**ä**ter

4

● describe my job in a ski resort	Was machst du? Warum? Ich arbeite in der Skischule, um Erfahrung zu bekommen.
● use a range of language to describe future ambitions	Ich werde die Schule verlassen und später möchte ich in der Kinderkrippe arbeiten.
■ use the prepositions *in* and *auf* with the dative and accusative	Ich arbeite im Souvenirgeschäft, aber in meiner Freizeit gehe ich auf den Berg.

5

✎ understand and note numbers accurately	null, drei, null; fünfundzwanzig, sechsundvierzig, achtzig, siebzehn ➔ 030 25 46 80 17
✎ use context and question prompts to predict the information I might hear	
✎ use sound-spelling links to transcribe unfamiliar words and decode them	Ich möchte ein Doppelzimmer reservieren. (Zimmer = room; Doppel = ?)
✎ use my knowledge of verb structures to identify key tenses I hear	Es wird heute schneien. ➔ Zukunft Mein Mann hat einen Unfall gehabt. ➔ Vergangenheit

6

✎ understand the gist and detail of different styles of text about an artist and his work	

wiederholung

1 Hör zu. Schreib die Tabelle ab und füll sie auf Deutsch aus. (1–3)

	Sommerjob	Warum? (2)	Ambitionen	Vorbereitung (2)
1	Hundeausführerin			

2 Partnerarbeit. Mach Dialoge. Benutze die Fragen und sieh dir die Bilder an.

• **Was für einen Job möchtest du?**

• **Was möchtest du später machen?**

• **Warum?**

• **Welche Extremsportarten würdest du (nicht) machen?**

3 Lies die Postkarte. Richtig oder falsch? Korrigiere die falschen Sätze.
Beispiel: **1** Falsch. Theresa arbeitet in Österreich.

Hallo! Wie geht's? Ich arbeite seit zwei Wochen hier in der Jugendherberge in St. Wolfgang, und ich muss sagen, dieser Sommerjob ist mein Traumjob! Ich arbeite hier, um mein Deutsch zu verbessern und um Erfahrung zu bekommen. Jeden Tag lerne ich viele neue Leute kennen und die meisten reden nur Deutsch mit mir!

Hast du auch einen Ferienjob? Wo? Was machst du? Magst du den Job?

Wenn ich frei habe, mache ich eine Radtour, oder ich gehe wandern. Ich werde im Winter noch mal hier arbeiten. Dann kann ich Ski fahren, wenn ich nicht arbeiten muss. Wirst du dir in den Winterferien auch einen Job suchen?

Wenn ich die Schule verlasse, würde ich gern auf die Uni gehen, um Deutsch und Wirtschaftswissenschaften zu studieren. Ich habe Deutsch immer toll gefunden! Später möchte ich im Ausland leben und arbeiten, vielleicht in Österreich oder in der Schweiz.

Schreib bald wieder,

LG

Theresa

St. Wolfgang, Österreich

Wirtschaftswissenschaften = economics

1 Theresa ist im Urlaub in Österreich.
2 Sie arbeitet seit einem Monat dort.
3 Sie findet den Job toll.
4 Sie muss jeden Tag Deutsch reden.
5 Sie hat keine Freizeit.
6 Es gibt dort nichts zu tun.
7 Nach der Schule möchte Theresa arbeiten.
8 Sie möchte später in Österreich oder in der Schweiz wohnen.

4 Du hast auch einen Sommerjob. Schreib eine Postkarte an Theresa. Beantworte ihre Fragen.

 Don't forget to include references to the past as well as to the present and future. Look at exercise 3 for ideas.

Grammatik

The conditional

The conditional is used to talk about things you **would** or **would not** do:

*Ich **würde** in einem Dorf wohnen, aber ich **würde nicht** in einer Großstadt wohnen.*

I would live in a village, but I would not live in a city.

*ich würd**e***		I would …
*du würd**est***	(+ infinitive)	you would … (familiar singular)
*er/sie/es/man würd**e***	… *wohnen*	he/she/it/one would …
*wir würd**en***	… *machen*	we would …
*ihr würd**et***	… *essen*	you would … (familiar plural)
*Sie würd**en***	… *trainieren*	you would … (polite singular or plural)
*sie würd**en***		they would …

1 Read each description. What would each person **never** do as a job? Refer back to the jobs in Unit 2.

Example: **1** Er mag Hunde nicht. ➜ Er würde nie als Hundeausführer arbeiten.

1 Er mag Hunde nicht.
2 Sie ist total unfit.
3 Er kann nicht schwimmen.
4 Sie ist oft launisch und unfreundlich.
5 Sie mag Kinder nicht.
6 Er hat kein Rad.

um … zu

um … zu (in order to) is used with an infinitive, which goes at the end of the sentence.
There is usually a comma before **um**.

*Ich arbeite, **um** Erfahrung **zu** bekommen.*
I work (in order) to gain experience.

Whatever the tense of the main clause, the **um … zu** clause is always in the infinitive.

Ich bin in die Stadt gefahren, um ins Kino zu gehen.
I went into town (in order) to go to the cinema.

Ich werde auf die Uni gehen, um Geschichte zu studieren.
I will go to university (in order) to study history.

For separable verbs, **zu** goes between the prefix and the verb:

*Ich gehe nach Hause, um fern**zu**sehen.*
I'm going home (in order) to watch TV.

2 Rewrite these sentences in the correct order. Then translate them into English.

1 um verbessern arbeite meinen zu Ich Lebenslauf
2 jeden Sie um joggt fitter werden Tag zu
3 nach Wir Disneyland geflogen sind um besuchen zu Amerika
4 als Mein Erfahrung wird bekommen um Bruder Bademeister zu arbeiten
5 zu möchte Amerika fahren Er um Leute neue nach kennenlernen

> In number 5 the infinitive verb is separable. Think carefully about the position of **zu**.

Word order – verb in second position

In German, the verb is **always** the second idea in a sentence:

1st idea (subject)	2nd idea (verb)	other details	
Ich	*spiele*	*Karten.*	(I play cards.)

Sentences often begin with a sequencer or time expression (first, then, after that, later, in the winter). The verb still has to be second, so it swaps with the subject:

1st idea	2nd idea (verb)	subject	other details	
Im Winter	*spiele*	*ich*	*Karten.*	(In the winter I play cards.)

3 Underline the first idea and circle the second idea (the verb) in each sentence.

Example: **1** Mein Freund Martin (spielt) gern Tennis.

1 Mein Freund Martin spielt gern Tennis.
2 Mein Mathelehrer wird nächste Woche Zorbing machen.
3 Jeden Tag spiele ich vor der Schule Tennis.
4 Am Montag werde ich zum Mond fliegen.

4 Translate these sentences into German.

1 My sister Lila likes to listen to music.
2 In the summer I play football.
3 My friend Tom will go to America next year.
4 In three years I would like to be rich.

Prepositions *in* and *auf*

in = in or into   ***auf*** = on or onto

If you want to talk about being **in** or **on** something, the word for 'the' needs to be in the **dative**.

If there is movement involved and you want to talk about going **into** or **onto** something, the word for 'the' needs to be in the **accusative**.

	Dative		Accusative	
masc. (der)	*in dem*	*auf dem*	*in den*	*auf den*
fem. (die)	*in der*	*auf der*	*in die*	*auf die*
neut. (das)	*in dem*	*auf dem*	*in das*	*auf das*
pl. (die)	*in den*	*auf den*	*in die*	*auf die*

Remember, *in dem* is shortened to *im* and *in das* gets shortened to *ins*.

Ich arbeite in dem Café. ➜ *Ich arbeite im Café.* (I work in the café.)
Ich gehe in das Café. ➜ *Ich gehe ins Café.* (I'm going into the café.)

5 Write out each sentence. Look up the gender of the noun if you are unsure.

1 Nächsten Monat gehen wir _____ O2 Stadion, um meine Lieblingsband zu sehen.
2 Ich lege Tomaten _____ d_____ Pizza.
3 Meine Katze springt gern _____ d_____ Tisch im Esszimmer.
4 Wir gehen _____ d_____ Stadt, um _____ Kino zu gehen.

Wörter

Wie bist du? • **What are you like?**

Ich bin ...	*I am ...*
abenteuerlustig	*adventurous*
kühn	*daring*
mutig	*brave*
ängstlich	*fearful*
feige	*cowardly*
verrückt	*mad/crazy*
vorsichtig	*cautious*

Würdest du ... ? • **Would you ... ?**

Ich würde ...	*I would ...*
nie	*never*
vielleicht	*maybe*
bestimmt	*definitely*
mit Haifischen schwimmen	*swim with sharks*
Extrembügeln machen	*do extreme ironing*
Fallschirm springen	*do parachute jumping*
zum Mond fliegen	*fly to the moon*
Kakerlaken essen	*eat cockroaches*
den Mount Everest besteigen	*climb Mount Everest*
Zorbing machen	*do zorbing*
durch eine Wüste joggen	*jog through a desert*
in der Wüste Rad fahren	*cycle in the desert*
Brennnesseln essen	*eat stinging nettles*
mit Krokodilen schwimmen	*swim with crocodiles*
zum Mars fliegen	*fly to Mars*
Ich würde mich gut vorbereiten.	*I would prepare myself well.*

Warum möchtest du einen Job haben? • **Why would you like to have a job?**

Ich möchte einen Job haben, ...	*I'd like to have a job, ...*
um Geld zu verdienen	*(in order) to earn money*
um Erfahrung zu bekommen	*(in order) to gain experience*
um meinen Lebenslauf zu verbessern	*(in order) to improve my CV*
um selbstständiger zu werden	*(in order) to become more independent*
um Spaß zu haben	*(in order) to have fun*
um Leute kennenzulernen	*(in order) to get to know people*

Was für einen Job möchtest du? • **What type of job would you like?**

Ich möchte ... arbeiten	*I would like to work ...*
als Zeitungsausträger(in)	*as a newspaper delivery boy (girl)*
als Babysitter(in)	*as a babysitter*
als Bademeister(in)	*as a lifeguard*
als Trainer(in)	*as a coach*
als Kellner(in)	*as a waiter (waitress)*
als Hundeausführer(in)	*as a dog walker*
in einem Café oder Restaurant	*in a café or restaurant*

Hast du einen Job? • **Do you have a job?**

Was für einen Job hast du?	*What kind of job do you have?*
Ich arbeite als Trainer.	*I work as a coach.*
Seit wann arbeitest du?	*How long have you been working?*
Ich arbeite seit sechs Monaten.	*I've been working for six months.*
seit einem Jahr	*for one year*
Magst du den Job?	*Do you like the job?*
Ich mag den Job, weil ...	*I like the job, because ...*

Was würdest du gern machen?
• What would you like to do?

Ich würde gern ...	I would like ...
Fußballprofi werden	to become a footballer
Schauspieler(in) werden	to become an actor (actress)
Sänger(in) werden	to become a singer
viel Geld verdienen	to earn lots of money
heiraten	to get married
Kinder haben	to have children
auf die Uni gehen	to go to uni
Fremdsprachen studieren	to study languages
auf Tournee gehen	to go on tour
berühmt sein	to be famous
reich sein	to be rich
für Oxfam arbeiten	to work for Oxfam
um die Welt reisen	to travel round the world
im Ausland leben	to live abroad
ein schnelles Auto kaufen	to buy a fast car

Im Skiort • In the ski resort

das Café(s)	café
das Restaurant(s)	restaurant
das Hotel(s)	hotel
die Skischule(n)	ski school
das Souvenirgeschäft(e)	souvenir shop
der Skiverleih	ski hire
die Kinderkrippe(n)	crèche
der Berg(e)	mountain
der Gletscher(–)	glacier
die Piste(n)	ski run
der Wellnessbereich(e)	spa
Im Winter/Im Sommer	In winter/In summer
In den Ferien	In the holidays
... arbeite ich als Skilehrer/Küchenhilfe.	... I work as a ski instructor/kitchen help.
Ich würde gern Skilehrer werden.	I would like to become a ski instructor.

Oft benutzte Wörter
• High-frequency words

zuerst	first of all
dann	then
danach	afterwards
später	later
in einem Jahr	in one year
in drei Jahren	in three years
seit	since/for
hier	here
dort	there
gar nicht	not at all
in	in/into
auf	on/onto
extrem	extremely
gefährlich	dangerous
Wahnsinn!	madness!

Strategie 2

In Chapter 3 you meet a lot of language in sentences. Fix this vocabulary in your long-term memory by playing 'beep' with a partner.

Take each section of language on these two pages in turn. Ask your partner the key question. They respond, 'beeping' out one word from their answer. Respond by giving the full sentence, including the missing word.

Then swap roles and give a different answer to the same question.

1 *Warum möchtest du einen Job haben?*

2 *Ich möchte einen Job haben, um 'beep' zu verdienen.*

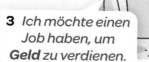

3 *Ich möchte einen Job haben, um Geld zu verdienen.*

4 *Ja, richtig!*

Turn to page 133 to remind yourself of the five **Strategien** you learned in *Stimmt! 2*.

Der beste Job der Welt

➤ Finding out about an amazing job
➤ Applying for a dream job

1 Lies den Text. Wie heißt das auf Deutsch?

DER BESTE JOB DER WELT IN ÖSTERREICH
2 neue Stellen sind frei!

Wakeboarden

Wasserrutschen

Mountainbiken

Der Tourismusservice in Österreich bietet die „Zwei besten Jobs der Welt an"

Du bist ein abenteuerlustiger Mensch?

Du möchtest 13.000 Euro im Monat verdienen, um im Sommer Wassersportarten zu testen oder im Winter Skischulen auszuprobieren?

Du würdest gern sechs Monate in Österreich leben?

Dann lies weiter. Einer dieser Traumjobs ist vielleicht richtig für dich.

Wettbewerb „Der beste Job der Welt"

Das Tourismusservice in Österreich sucht zwei junge kühne Menschen für einen Sommer- und einen Winterjob. Die Gewinner müssen nur die Freizeit- und Sportmöglichkeiten für junge Leute überall in Österreich testen, und ein Online-Blog darüber schreiben.

Man muss folgende Aktivitäten machen:

SOMMER	WINTER
im See schwimmen	Snowboarden
Wasserski fahren	Skifahren
Wasserrutschen ausprobieren	Schneeschuhwandern
Bergsteigen	Eisklettern
Mountainbiken	Nachtskifahren

Kandidaten aus aller Welt zwischen 13 und 20 Jahren können sich bewerben. Sende uns ein Video von maximal einer Minute, und erkläre, warum du die beste Person für den Job bist.

Snowboarden

Eisklettern

Nachtskilfahren

1 jobs/positions	3 to try out	5 daring
2 adventurous	4 competition	6 to test

2 Lies den Text noch mal. Vervollständige die Kurzfassung auf Englisch.

The Austrian **1** _____ has launched a **2** _____ to find two **3** _____ young people. It is offering two dream jobs, one in **4** _____ and one in winter. For **5** _____ months the winner must **6** _____ the sporting **7** _____ in Austria, and **8** _____ about their experiences online. For this he or she will earn **9** _____ .

3 Lies die Bewerbung und füll die Lücken aus.

3. März

Hallo! Ich heiße Alexander. Ich bin sechzehn Jahre alt und komme aus Köln. Als Person bin ich **1** .... und kühn. Ich liebe alle Sportarten, besonders **2** .... Ich schwimme, ich **3** .... gern und ich fahre gern Mountainbike. Letzten Sommer bin ich zwei Wochen in Schottland **4** ....

Ich habe eine tolle Ambition. Ich **5** .... nach Tansania fahren, um den Kilimandscharo zu **6** .... Ich liebe den **7** .... und würde gern alle Sportarten in Österreich **8** .... Ich würde besonders gern die Wasserrutschen ausprobieren, weil ich **9** .... bin!

Ich bin bestimmt der beste Mensch für den besten Job der Welt. Ich freue mich auf **10** .... und Spaß in Österreich!

möchte	surfe
abenteuerlustig	
Abenteuer	
adrenalinsüchtig	
Extremsportarten	
Rad gefahren	
Sommer	besteigen
testen	

4 Hör dir die Bewerbung in Aufgabe 3 an und überprüfe.

5 Hör dir die zweite Bewerbung an. Mach Notizen auf Deutsch.

Marlene

Charakter: .... , ...

Sportarten: .... , ... , ...

Ambitionen: .... , ...

Andere Hobbys: ....

Gewinner des „Best Job in the World" war der Engländer Ben Southall.

Ben Southall hat den ersten „besten Job der Welt" bekommen. Ben, 34 Jahre alt, hat sechs Monate auf der australischen Trauminsel Hamilton Island gewohnt und 80.000 Euro bekommen.

6 Sieh dir den Text in Aufgabe 1 noch mal an. Wähl einen Job aus. Schreib deine Bewerbung. Benutze den Text in Aufgabe 3 als Beispiel.

When creating your application text, mention:
- relevant details about your character
- what you like doing in your free time that makes you suitable
- something adventurous you have already done
- what you would like to do in the job and why.

7 Mach eine Präsentation von deiner Bewerbung (Aufgabe 6).

Before giving your application, practise. Instead of reading from notes, rehearse until you are confident.

1 Sieh dir die Fotos an und lies die Texte. Wer ist das?

Bevor sie berühmt wurden ...

1

Er hatte eine sehr populäre Mutter und seine Frau ist auch beliebt. Er ist Vater.

2

Diese Deutsche war Schauspielerin und Sängerin und wurde über 90 Jahre alt.

3

Als Kind hatte sie Puppen gern, aber jetzt ist sie eine sehr bekannte deutsche Politikerin.

4

Ihr Debüt als Model war in England und sie ist jetzt weltweit als Supermodel bekannt.

5

6

Er war so cool als Teenager, oder? Jetzt singt und schreibt er viele Lieder und ist auch Schauspieler.

Er war ein sehr berühmter Deutscher und der „Vater" der modernen Physik.

a Albert Einstein

b Angela Merkel

c Justin Timberlake

d Kate Moss

e Marlene Dietrich

f Prinz William

> ➤ Talking about your childhood
> ➤ Using **als** to mean 'when' in the past

1 Lies die Texte und finde die Paare.

Meine Lieblingssachen, als ich klein war.

1 Als ich sieben Jahre alt war, hatte ich ein tolles Rad. Es war rot und schwarz.

2 Als ich acht Jahre alt war, hatte ich eine komische Mütze. Sie war mein Lieblingskleidungsstück.

3 Als ich fünf Jahre alt war, hatte ich einen kleinen roten VW. Das war mein Lieblingsspielzeug.

4 Als ich jünger war, hatte ich viele Kuscheltiere und Puppen, aber mein Teddybär war mein Lieblingskuscheltier.

5 Als ich jünger war, war „Die Sendung mit der Maus" meine Lieblingssendung.

Grammatik

> **Page 90**

When you are talking about the past, use **als** to mean 'when'. The verb goes at the end of the sentence.

*Ich **war** fünf Jahre alt.*

➜ **Als** *ich fünf Jahre alt **war**...* When I was five ...

*Ich hatte ein tolles Rad, **als** ich fünf Jahre alt **war**.*

If the **als** phrase is the first part of a sentence, the next part is separated by a comma and starts with a verb:

Als *ich fünf Jahre alt **war, hatte** ich ein tolles Rad.*

Remember, adjectives used to describe masculine, feminine and neuter nouns have different endings in the accusative case (when the noun is the object of the sentence).

*Ich hatte ein**en** klein**en** VW.*

Ich hatte eine komische Mütze.

*Ich hatte ein toll**es** Rad.*

2 Hör zu und überprüfe. (1–5)

3 Hör zu. Schreib die Tabelle ab und mach Notizen auf Deutsch. (1–6)

	Alter	Lieblingssache	Meinung
1	4	Buch (Der Grüffelo)	tolle Bilder

4 Gruppenarbeit. Was waren deine Lieblingssachen, als du klein warst? Diskutiere.

● *Als ich fünf Jahre alt war, hatte ich einen tollen Fotoapparat.*

■ *Als ich fünf Jahre alt war, hatte ich keinen Fotoapparat, aber mein Lieblingsspielzeug war mein Jo-Jo.*

◆ *Toll! Als ich klein war, war meine Lieblingssendung „Peppa Pig".*

5 Hör zu und lies die Texte. Schreib die Tabelle ab und mach Notizen auf Englisch.

Name	Then	Now
Sabira	played with dolls …	prefers video games …

To say 'had', use the imperfect tense of *haben*:
*Ich **hatte** einen Computer.* I **had** a computer.

To say 'was', use the imperfect tense of *sein*:
*Ich **war** sechs Jahre alt.* I **was** six years old.

Früher und heute

Sabira Als ich jünger war, habe ich mit vielen Puppen und Kuscheltieren gespielt. Meine Freundinnen und ich haben früher tolle Geschichten mit den Puppen erfunden, aber jetzt spiele ich lieber spannende Videospiele am Computer und höre meine Lieblingsbands, weil das viel interessanter ist.

Patrizia Letzte Woche habe ich ins Fotoalbum geguckt und da sind schreckliche, alte Fotos! Als ich acht Jahre alt war, hatte ich kein Modebewusstsein! Ich hatte zum Beispiel einen braunen Rock, ein rotes T-Shirt, altmodische Sandalen und eine blaue Baseballmütze. Das war so schrecklich! Jetzt trage ich immer Designerkleidung, weil das mein Stil ist. Und die alten Fotos? Ich werde sie verstecken!

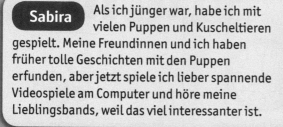

Julius Mein Lieblingshobby ist Mountainbiken. Wenn ich abends oder am Wochenende ein paar Stunden Freizeit habe, fahre ich im Wald und in den Bergen Rad. Als ich sieben Jahre alt war, habe ich mein erstes Mountainbike zum Geburtstag bekommen. Es war super und ich bin oft mit meinen Eltern aufs Land gefahren. Als ich neun Jahre alt war, hatte ich einen ziemlich schweren Unfall, aber trotzdem fahre ich heute sehr gern Rad.

erfinden, hat erfunden = to invent, invented
ich spiele lieber = I prefer to play
trotzdem = nevertheless
das Modebewusstsein = fashion sense
verstecken = to hide

6 Korrigiere die Sätze.

1 Als Sabira jünger war, hatte sie keine Puppen.
2 Heute erfindet Sabira Geschichten mit ihren Puppen.
3 Julius war neun Jahre alt, als er zum ersten Mal ein Mountainbike hatte.
4 Seit seinem Unfall fährt Julius nicht so oft Rad.
5 Als Patrizia acht Jahre alt war, war sie sehr modisch.
6 Heute trägt Patrizia normalerweise sportliche Kleidung.

7 Früher und heute. Schreib über deine Kindheit. Sieh dir Aufgabe 5 zur Hilfe an.

• Include a few complex sentences using *als* and *weil*.
• Use a variety of adjectives with the correct accusative endings.
• Give opinions and reasons.
• Use verbs in the present, perfect and imperfect.

Beispiel:

> *Als ich acht Jahre alt war, hatte ich ein gelbes Skateboard. Es war mein Lieblingsspielzeug, weil es so toll und schnell war! Als ich zwölf Jahre alt war, habe ich ein blaues Rad bekommen und jetzt fahre ich jeden Tag mit meinen Freunden Rad. Heute fahre ich nicht so oft Skateboard, weil mein Rad schneller ist!*

> Talking about childhood activities
> Using the imperfect of modal verbs

 1 Hör zu. Welches Bild ist das? (1–6)
Beispiel: **1** e, g

> Mit welchem Alter konntest du das machen?
> Mit (sechs) Monaten konnte ich …
> Mit (zwei) Jahren konnte ich …

a bis 20 zählen

b schwimmen

c die Uhr lesen

d meinen Namen schreiben

e lächeln

f Rad fahren

g laufen

h lesen

i sprechen

Grammatik > Page 91

To say what you could do (were able to do) at certain ages, use the imperfect of **können** (to be able to, 'can').

Remove the umlaut and **–en** from the infinitive to get the stem (**konn–**), then add the imperfect endings:

*ich konn**te***	**+ infinitive verb**
*du konn**test***	
*er/sie/es/man konn**te***	… laufen
*wir konn**ten***	… sprechen
*ihr konn**tet***	… zählen
*Sie konn**ten***	… Rad fahren
*sie konn**ten***	

 After **mit**, plural nouns usually add **–n**:

*mit (sechs) Monate**n** …*
*mit (fünf) Jahre**n** …*

If you're not sure of the exact age you could do something, use phrases like this:

- *Ich bin mir nicht sicher.* I'm not sure.
- *Ich weiß nicht.* I don't know.
- *Ich glaube, mit (elf Monaten) konnte ich (laufen).* I think I could (walk) at (eleven months).

To say what you could **not** do, add **nicht**:

- *Mit fünf Jahren konnte ich die Uhr **nicht** lesen.* At the age of five I couldn't tell the time.

 2 Gruppenarbeit. Mit welchem Alter konntest du das machen? Diskutiere.
Beispiel:

- *Mit vierzehn Monaten konnte ich laufen. Und du?*
- *Ich glaube, mit elf Monaten konnte ich laufen.*
- *Was?! Das ist sehr früh. Mit welchem Alter konntest du bis 100 zählen? Mit einem Jahr?*
- *Nein, du spinnst wohl! …*

3 Lies die Texte und finde die richtigen Bilder. Schreib auch das Alter auf.
Beispiel: Tina: h (4 Jahren)

Tina Meine Eltern waren sehr streng. Mit vier Jahren musste ich um 19 Uhr ins Bett gehen. Das war OK, weil ich abends immer müde war, aber ich musste mit neun Jahren um 20 Uhr ins Bett gehen und das war total blöd. Das war viel zu früh, besonders im Sommer, weil ich nicht gut schlafe, wenn die Sonne scheint. Jetzt ist es besser – ich muss um 22 Uhr 30 ins Bett gehen und das finde ich fair.

Annika Meine Kindheit war gut, weil meine Eltern ziemlich gelassen waren. Mit acht Jahren durfte ich alleine in die Schule gehen, weil das nicht sehr weit war. Und mit zwölf Jahren durfte ich alleine ins Kino gehen, aber ich musste um 18 Uhr zu Hause sein. Ich durfte auch mit zehn Jahren Kaffee trinken, aber das war nichts für mich. Igitt! Ich trinke lieber Saft, weil das gesünder ist.

Jonas Mit zehn Jahren durfte ich nicht alleine in die Stadt gehen, weil das zu gefährlich war – meine Mutter war so ängstlich! Mit elf Jahren hatten alle meine Freunde Handys, aber ich durfte kein Handy haben, weil das zu teuer war. Das war gemein. Ach ja, noch etwas: Mit acht Jahren durfte ich keine Schokolade essen, weil sie ungesund und zu süß war. So was! Jetzt habe ich mehr Freiheit – ich darf mein eigenes Handy haben und ich esse sehr gern Schokolade!

a **b** **c** **d** **e** **f** **g** **h**

4 Lies die Texte noch mal. Wie heißt das auf Deutsch?
Beispiel: **1** streng

1 strict
2 tired
3 stupid
4 relaxed
5 alone
6 healthier
7 dangerous
8 anxious
9 mean
10 unhealthy

Grammatik ➤ Page 91

müssen and *dürfen* have the same endings as *können* in the imperfect tense. They also lose the umlaut in the stem:

ich muss**te**		I had to
ich durf**te**	+ infinitive verb	I was allowed to
ich durf**te** nicht		I wasn't allowed to

5 Wähl einen Text aus und übersetze ihn ins Englische.

6 Hör zu und mach Notizen auf Deutsch über Marti, Zak und Tanja. Schreib die Tabelle ab und füll sie aus. (1–3)
Beispiel:

	Name	Alter	durfte (nicht)	musste
1	Marti	9 Jahre	nicht alleine in die Schule gehen	mit meiner Mutter fahren

üben = to practise
draußen = outside

7 Meine Kindheit. Stell und beantworte Fragen mit einem Partner/einer Partnerin.
Beispiel:

● *Was musstest du machen? Und mit welchem Alter?*
■ *Mit ... Jahren musste ich ...*
● *Warum?*
■ *Ich musste das machen, weil ...*
● *Wie war deine Mutter / dein Vater?*
■ *Meine Mutter war ...*

● *Und was durftest du nicht machen?*
■ *Ich durfte mit ... Jahren nicht ...*
● *Wie ist es jetzt?*
■ *Jetzt ist es (besser). Ich muss ... / Ich darf ... / Ich darf nicht ...*

➤ Comparing primary school and secondary school
➤ Using the superlative

1 Hör zu und lies die Sätze. Welcher Satz passt in welche Kategorie: Grundschule oder Sekundarschule?

Grundschule	Sekundarschule
	1

The endings are the same for most imperfect verbs:

ich hat**te**	wir hat**ten**
du hat**test**	ihr hat**tet**
er/sie/es hat**te**	Sie/sie hat**ten**

Exceptions: *war/war**en*** (was/were); *es **gab*** (there was/were).

1 Wir haben viele Hausaufgaben.

2 Wir hatten keine Hausaufgaben.

3 Wir mussten in einem Klassenzimmer bleiben.

4 Wir müssen das Klassenzimmer wechseln.

5 Es gibt ein Schwimmbad.

6 Es gab kein Schwimmbad.

7 Die Schule hat 1000 Schüler.

8 Die Schule hatte 200 Schüler.

9 Die Lehrer und Lehrerinnen sind strenger.

10 Die Lehrer und Lehrerinnen waren freundlicher.

11 Wir durften einen Klassen-Hamster haben.

12 Wir dürfen kein Klassentier haben.

13 Die Klassenzimmer waren bunter.

14 Die Klassenzimmer sind größer.

2 Vervollständige die Sätze. Sieh dir Aufgabe 1 zur Hilfe an.
Beispiel: **1** Wir haben jetzt viele Hausaufgaben, aber in der Grundschule <u>hatten wir keine Hausaufgaben</u>.

1 Wir haben jetzt viele Hausaufgaben, aber in der Grundschule …

2 Meine Lehrer in der Sekundarschule sind strenger, aber …

3 In der Sekundarschule müssen wir das Klassenzimmer wechseln, aber …

4 Es gibt ein tolles Schwimmbad, aber …

5 Wir dürfen kein Klassentier haben, aber …

6 Die Sekundarschule hat 1000 Schüler, aber …

Remember the 'verb second' rule. E.g., if you start with *in der Grundschule*, the **verb** comes next, then the <u>subject</u>.
*In der Grundschule **hatte** <u>ich</u> keine Hausaufgaben.*

3 Hör zu. Sprechen die Personen über die Grundschule (G) oder die Sekundarschule (S)? (1–6)
Beispiel: **1** G

4 Partnerarbeit. Wie war die Grundschule? Wie ist die Sekundarschule? Mach Dialoge.
Beispiel:

● *In der Grundschule waren die Lehrer freundlicher. Die Lehrer in der Sekundarschule sind strenger.*

■ *Ja, und die Schule war kleiner. Jetzt haben wir 1000 Schüler.*

Form comparative adjectives by adding **–er**:

streng ➔ *streng**er*** (stricter)

freundlich ➔ *freundlich**er*** (friendlier)

klein ➔ *klein**er*** (smaller)

groß ➔ *größ**er*** (bigger)

5 Sieh dir das Bild und die Namen an und hör zu. Schreib Sätze.
Beispiel: Gabi war die Größte.

Er war der ... / Sie war die ...

Musikalischste

Ungepflegteste

Frechste

Größte

Kleinste

Älteste

Intelligenteste

Sportlichste

Lauteste

Grammatik ➤ Page 90

Use the superlative to say that someone or something is 'the tallest', 'the most intelligent', etc. In German add **–ste** to the adjective:

klein ➜ *der/die Kleinste* (the smallest)

If the adjective ends in **–t**, add **–este** so it's easier to pronounce:

intelligent ➜ *der/die Intelligenteste* (the most intelligent)

Some adjectives also add an umlaut:

groß ➜ *der/die Größte* (the tallest)

alt ➜ *der/die Älteste* (the oldest)

Adam   Florian   Gabi

Ilona   Karl   Laura

Martha   Sebastian   Uwe

 6 Hör Florian zu und mach Notizen auf Deutsch.

1 Wie war er?

2 Was hat er gemacht?

3 Was musste er machen?

4 Was durfte er nicht machen?

5 Wie ist die Sekundarschule?

 7 Sieh dir deine Notizen an. Mit deinem Partner/deiner Partnerin, stell und beantworte Fragen über Florian.
Beispiel:

● *Wie war Florian?*

■ *Mit acht oder neun Jahren war Florian der Frechste in der Klasse.*

 8 Wähl ein Alter aus deiner Kindheit aus. Schreib über dein Leben zu dieser Zeit.

Was waren deine Lieblingssachen?	*Als ich (acht) Jahre alt war, war (mein Rad) mein Lieblingsspielzeug ...*
Wie war deine Grundschule?	*Meine Grundschule hatte ... Schüler.*
Wie waren deine Schulfreunde?	*Mein Freund (Jakob) war (der Frechste) und (der Lauteste) ...*
Was konntest du machen?	*Mit (acht) Jahren, konnte ich (schwimmen).*
Was musstest du machen?	*Ich musste (um 20 Uhr ins Bett gehen). Das war ...*
Was durftest du (nicht) machen?	*Ich durfte (alleine in die Schule gehen), aber ich durfte nicht ...*

4 Es war einmal …

➤ Talking about Grimms' fairy tales
➤ The imperfect tense

1 Die Brüder Grimm haben diese Märchen geschrieben. Wie heißen die Titel auf Englisch?

a    **b**    **c**    **d**    **e**

2 Hör dir die Auszüge aus den Märchen an und lies. Welcher Titel (Aufgabe 1) passt?
Beispiel: **1** b (Aschenputtel)

To work out unfamiliar language think about the context. Look at the pictures, use the words you do know to help you, look for cognates and apply logic.

1 Der Prinz ging mit dem verlorenen Schuh von Haus zu Haus. Die beiden gemeinen Schwestern konnten den Schuh nicht tragen, weil sie zu große Füße hatten, aber es gab noch eine Tochter im Haus. Sie arbeitete wie immer in der Küche.

2 Als sie zum Haus der sieben Zwerge kam, gab die Königin dem Mädchen einen giftigen Apfel. Das schöne Mädchen aß den Apfel und sie war sofort tot.

Später sagte die Königin zum Spiegel:
„Spieglein, Spieglein an der Wand,
wer ist die Schönste im ganzen Land?"

3 Die arme Müllerstochter musste Stroh zu Gold spinnen, aber sie konnte das nicht und sie begann zu weinen. Dann kam ein kleiner Mann herein und sagte: „Warum weinst du? Ich kann dir helfen."

4 Im Schloss waren viele Leute, aber sie schliefen alle. Endlich kam der Prinz zum Turm und öffnete die Tür. Er sah die Prinzessin und sie war so schön. Der Prinz gab ihr einen Kuss.

5 Der Hund sprang auf den Esel, die Katze auf den Hund und der Hahn auf die Katze. Sie begannen, ihre furchtbare Musik zu machen. Die Räuber liefen erschrocken in den Wald.

3 Lies die Auszüge noch mal. Wie heißt das auf Deutsch?
Beispiel: **1** ging

1 went	**4** gave	**7** began	**10** saw
2 was working	**5** ate	**8** were asleep	**11** jumped
3 came	**6** said	**9** opened	**12** ran

4 Wähl einen Auszug aus. Lies ihn vor und dann übersetze ihn ins Englische.

Kulturzone

Jacob und Wilhelm Grimm haben zwischen 1812 und 1858 über 200 Märchen geschrieben. „Rotkäppchen", „Hänsel und Gretel", „Aschenputtel", „Rumpelstilzchen", „Dornröschen" und „Schneewittchen" sind sehr berühmt.
Welches ist dein Lieblingsmärchen?

Grammatik

> Page 91

The imperfect tense is used for the past ('said', 'went', etc.) when telling stories in German.

For **regular** verbs (e.g. *sagen*), take *–en* off the infinitive to give the <u>stem</u> and add these **endings**: ich sag**te**　　　wir sag**ten** du sag**test**　　ihr sag**tet** er/sie/es sag**te**　Sie sag**ten** 　　　　　　　sie sag**ten** This is the same pattern you learned for modal verbs: *konn**te**, muss**te**, durf**te**.*	**Irregular** verbs (e.g. *gehen*) usually have a vowel change in the <u>stem</u> and add these **endings**: ich ging　　　　wir ging**en** du ging**st**　　ihr ging**t** er/sie/es ging　Sie ging**en** 　　　　　　　sie ging**en** Find the verbs that are irregular in the imperfect tense in exercise 3.

5 Hör zu und schreib die Sätze auf Deutsch und Englisch auf. (1–8)

Beispiel: **1** Sie ging in den Park. – She went into the park.

6 Füll die Lücken mit den fehlenden Verben aus.

Rotkäppchen

Es **1** [____] einmal ein süßes kleines Mädchen mit einem roten Käppchen.
Rotkäppchen **2** [____] die Oma besuchen, weil sie Kuchen und Wein für sie **3** [____].
Sie **4** [____] durch den Wald zu Omas Haus, aber ein Wolf war in Omas Bett.
Rotkäppchen **5** [____]: „Oma, du hast sehr große Augen und Ohren."
Der Wolf antwortete: „So kann ich dich besser sehen und hören."
Dann sagte Rotkäppchen: „Oma, du hast sehr große Zähne."
„So kann ich dich besser fressen," und er **6** [____] aus dem Bett.
Er fraß Rotkäppchen und er schlief ein, weil er satt war.
Aber dann **7** [____] ein Jäger zum Haus und **8** [____] den Wolf.
Er **9** [____] den Bauch des Wolfes und holte Rotkäppchen und
die Oma heraus. Rotkäppchen und die Oma **10** [____] sehr froh.
Der böse Wolf war tot.

hatte　öffnete
ging　sprang
waren　kam
sah　sagte
musste　war

When **animals** eat something, German uses the verb *fressen*. It is irregular in the same way as *essen* – *er isst/er frisst* (he eats), *er aß/er fraß* (he ate).

satt = full
einschlafen (schlief ein) = to fall asleep (fell asleep)
der Jäger = hunter
herausholen = to pull out

7 Hör zu und überprüfe.

8 Hör dir Mias Meinung über „Rotkäppchen" an. Mach Notizen auf Deutsch.

- Wie findet Mia Märchen?
- Wie beschreibt sie „Rotkäppchen"? Warum?
- Wie findet sie den Film? Warum?
- Wie beschreibt sie den Sinn von Märchen?

der Sinn = point, meaning
Gut und Böse = good and evil

9 Gruppenarbeit. Wie findest du Märchen? Was ist deine Meinung über „Rotkäppchen"?
Was ist für dich der Sinn von Märchen? Diskutiere in deiner Gruppe.

➤ Writing a story in your own words
➤ Using a dictionary

1 Hör zu und lies das Märchen.

Es war einmal ein trauriger, kleiner Junge. Seine Eltern waren tot und er musste bei seinem Onkel wohnen. Der Onkel und seine Familie waren alle furchtbar gemein und sie liebten den Jungen nicht. Der Junge war gar nicht glücklich, aber mit 11 Jahren ging er auf eine Privatschule.

Er hatte viele fantastische Fächer und er hatte zwei besonders gute Freunde, einen lustigen Jungen mit roten Haaren und ein kluges Mädchen (das Intelligenteste in der Klasse). Die drei Freunde hatten tolle Abenteuer zusammen, aber das Leben in der Schule hatte auch eine dunkle Seite: Der Junge hatte auch Feinde, sehr gefährliche, böse Feinde, und er musste oft gegen diese Feinde kämpfen. Der Schlimmste war der Mörder seiner Eltern. Er wollte auch den Jungen töten. Der schwierige Kampf dauerte Jahre, aber der mutige Junge starb nicht und am Ende konnte er seinen Feind töten.

der Feind(e) = enemy	**wollte** = wanted
kämpfen = to fight	**töten** = to kill
der Mörder = murderer	

2 Das „Märchen" ist ein bekannter Film, aber welcher? Rate mal.

DER HERR DER RINGE

SHREK

Harry Potter   Twilight

PIRATES OF THE CARIBBEAN

Dictionary Skills

Use a dictionary to help you with unfamiliar vocabulary. Dictionaries are very useful for:

- checking the meaning of German words
- looking up new words from English to German
- checking the gender of nouns
- checking if a verb is irregular and how
- finding useful phrases.

3 Finde die Paare. Wie heißt das auf Englisch?
Beispiel: **1** b (was – to be)

Imperfect		Infinitive	
1 war	**6** wollte	**a** lieben	**f** müssen
2 musste	**7** dauerte	**b** sein	**g** dauern
3 liebten	**8** starb	**c** gehen	**h** sterben
4 ging	**9** konnte	**d** wollen	**i** haben
5 hatten		**e** können	

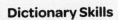

Remember, most of the verbs in the text are in the imperfect tense, so if you need to look them up in a dictionary you will need to know the infinitive form.

4 Finde die neuen Vokabeln aus dem Märchen (Aufgabe 1) in einem Wörterbuch und schreib sie auf.
Beispiel: traurig – sad

5 Lies das Märchen noch mal. Finde Adjektive für die Personen.
Beispiel: der Junge – traurig, klein, …

der Junge	der Onkel	der Freund
die Freundin	die Feinde	

6 Beschreib einen anderen Film als Märchen. Benutze die Fragen zur Hilfe.

- Es war einmal … Wer?
- Wo wohnte er/sie? Mit wem?
- Welche Freunde oder Feinde hatte er/sie?
- Wie war er/sie?
- Was musste er/sie machen?
- Was durfte er/sie machen?
- Was wollte er/sie machen?
- Was konnte er/sie machen?
- Was hat er/sie gemacht?
- Was passierte am Ende?

Es war einmal	auf einem Planeten in Amerika auf einer Insel	ein (kleiner) Junge. ein (schönes) Mädchen. eine (alte) Dame.
Er/Sie/Es* *Remember that you refer to ***das*** Mädchen as ***es***.	wohnte	mit seiner/ihrer Familie. mit Freunden. alleine.
	hatte	keine Geschwister. einen Bruder. eine Schwester. einen Freund. eine Freundin. einen Feind.
	war	(nicht sehr) reich. (furchtbar) gemein. schön. klug. lustig. arm.
	musste durfte wollte konnte	immer arbeiten. nicht aus dem Haus gehen. König/Königin werden. (nicht) gut kämpfen.
	ging	in die Stadt. durch den Wald. nach Berlin.
	sah	ein (altes) Schloss. ein (großes) Schiff.
Später Am Ende	konnte er/sie/es	heiraten. nach Hause gehen. den Feind töten.

When you look up an English word in a dictionary, you might find several German meanings. How do you know which is the right one?

The safest way is to look up each German word in the German–English section and see what English meanings are given.

For example, you might want to say that someone's favourite toy was a bat (for playing cricket).

bat[1] *n (Zool.)* Fledermaus *f*
bat[2] *(Sport)* **1** *n* Schlagholz *nt*,
Keule *f*, Schläger *m*
2 *vt* schlagen

If you take the first entry without checking further, you might say:

*Sein Lieblingsspielzeug war eine **Fledermaus**.*

Checking each German word will give you the correct word:

*Sein Lieblingsspielzeug war ein **Schläger**.*

If there are unfamiliar words in your partner's story, ask them what they mean.

- ● *Wie heißt „Schatz" auf Englisch?*
- ■ *„Schatz" heißt „treasure" auf Englisch.*

7 Partnerarbeit. Lies das Märchen von deinem Partner/deiner Partnerin. Rate mal, welcher Film das ist.

6 Erzähl mir was!

 Hör zu und lies das Märchen.

> Don't expect to understand every word of this fairy tale. Try to understand the gist using reading strategies you have learned:
>
> - think about the context
> - look at the pictures for clues
> - use the words you do know to help you
> - look for cognates.

FRAU HOLLE
EIN MÄRCHEN DER BRÜDER GRIMM

Es war einmal eine Frau. Sie hatte zwei Töchter: Goldmarie war schön und fleißig; Pechmarie war hässlich und faul, aber sie war die Lieblingstochter. Goldmarie musste die ganze Arbeit machen und musste jeden Tag an einem Brunnen sitzen und spinnen. Eines Tages fiel die Spule in den Brunnen.

Goldmarie sprang in den Brunnen und sie kam in eine andere Welt. Sie ging über eine schöne Wiese und kam zu einem Backofen. Das Brot sagte: „Ach, hol mich heraus, ich verbrenne." Dann kam sie zu einem Apfelbaum, der sagte: „Ach, schüttel mich, meine Äpfel sind alle reif."

Endlich kam sie zu einem kleinen Haus, wo die alte Frau Holle wohnte. Sie sagte zu Goldmarie: „Bleib bei mir und mach die ganze Arbeit im Haus. Du musst mein Bett gut schütteln, dann schneit es in der Welt."

Goldmarie wohnte ein paar Monate dort und alles ging gut. Dann wollte sie nach Hause gehen. Frau Holle war mit der Arbeit zufrieden und sie ging mit Goldmarie zu einem großen Tor. Als Goldmarie durch das Tor ging, fiel sehr viel Gold auf sie. Frau Holle sagte: „Das ist dein Gold, weil du so fleißig bist."

Pechmarie, die faule Tochter, wollte auch viel Gold haben und sie sprang in den Brunnen, aber sie war nicht hilfsbereit, sie war nicht fleißig und Frau Holle war nicht zufrieden. Am Ende ging Pechmarie durch das große Tor, aber es gab kein Gold. Für sie gab es nur schmutziges Pech und das blieb ihr ganzes Leben.

2 Lies das Märchen noch mal. Wie heißt das auf Englisch?
Schlag im Wörterbuch nach.

fleißig   hässlich   Brunnen   Spule   Wiese

Backofen   herausholen   verbrennen   schütteln   reif

zufrieden   Tor   hilfsbereit   Pech

If using a dictionary to look up the meanings, check you have chosen the right meaning for the context and be sure to try different possibilities for the best fit.

3 Wie heißt das auf Deutsch? Finde die Wörter im Märchen.

Beispiel: **1** musste

1 had to
2 fell
3 jumped
4 went
5 came
6 said
7 take me out
8 shake me
9 lived
10 stayed

4 Lies das Märchen noch mal. Beantworte die Fragen auf Englisch.

1 What did the stepdaughter have to do every day?
2 Why did she jump in the well?
3 What did the bread ask of her and why?
4 What did the apple tree ask of her and why?
5 What did Frau Holle ask her to do?
6 Why was it important to shake the duvet?
7 Why was the girl showered with gold?
8 Why was the mother's real daughter covered in tar?
9 What do you think the moral of the tale is?

5 Beantworte die Fragen auf Deutsch.

1 Wie war Goldmarie?
2 Wie war Pechmarie?
3 Wer war die Lieblingstochter?
4 Wie lange wohnte Goldmarie bei der alten Dame?
5 Warum sprang Pechmarie auch in den Brunnen?
6 Warum war Frau Holle nicht mit Pechmarie zufrieden?

6 Wähl einen Absatz aus und übersetze ihn ins Englische.

Beispiel:

Once upon a time there was a lady.
She had two daughters ...

Lernzieltest

I can...

1

• talk about my childhood	Mein Teddybär war mein Lieblingskuscheltier.
■ use *als* to mean 'when' in the past	**Als** ich sechs Jahre alt war, hatte ich ein tolles Rad. **Als** ich jünger war, hatte ich viele Puppen.
■ use adjectives before nouns	Ich hatte eine **komische** Mütze.

2

• talk about childhood activities	Mit fünf Jahren konnte ich Rad fahren.
■ use the imperfect of modal verbs (*dürfen*, *können*, *müssen*)	Ich **durfte** nicht alleine in die Stadt gehen. Ich **musste** mit Freunden gehen.
■ say I'm not sure of something	Ich glaube, mit zwei Monaten könnte ich lächeln, aber ich bin mir nicht sicher.

3

• compare primary school and secondary school	Ich habe jetzt viele Hausaufgaben, aber in der Grundschule hatte ich keine Hausaufgaben.
■ use the comparative	Meine Grundschule war **kleiner** als meine Sekundarschule.
■ use the superlative	Mein Freund war **der Größte** in der Klasse.

4

• talk about Grimms' fairy tales	Rotkäppchen war ein süßes Mädchen.
■ use the imperfect tense of some regular and irregular verbs	Der Prinz **öffnete** die Tür und **sah** die Prinzessin.

5

• write a story creatively in my own words	Es war einmal ein Junge. Er hatte keine Geschwister und seine Eltern waren tot.
✎ use a dictionary to find or check meaning	
✎ ask what a word means	Wie heißt „Schatz" auf Englisch?

6

• understand a fairy tale	
✎ read for gist, using context, pictures, familiar language and cognates to help me	
✎ understand detail in longer texts	
✎ use a dictionary to find or check the meaning of new vocabulary	

Wiederholung

 1 Hör zu. Welches Bild ist das? Wie alt waren sie? (1–6)
Beispiel: **1** c, 6 Jahre alt

 a  b  c  d   e   f

 2 Partnerarbeit. Sieh dir die Bilder an und mach Dialoge.
Beispiel: **1**

- *Mit welchem Alter durftest du alleine in die Schule gehen?*
- *Mit neun Jahren durfte ich alleine in die Schule gehen, (aber mit acht Jahren musste ich immer mit meinem Vater gehen, weil ...)*

> Make the dialogue more interesting by asking searching questions, e.g.
> ***Warum durftest du nicht ...?***
> ***Mit welchem Alter musstest du ...?***
> Raise the level of your answers by adding extra detail, e.g. reasons (**weil**) and opinions (**toll**, **streng**, ...).

 1   2   3   4  5  6

 3 Lies das Märchen. Füll die Lücken mit den fehlenden Wörtern aus.
Beispiel: **1** war

Der Rattenfänger von Hameln

Es **1** _____ einmal ein junger Mann. Er **2** _____ bunte Kleidung und er spielte Flöte.
Er **3** _____ nach Hameln, weil es zu viele Ratten in der Stadt gab. Das war ein
großes Problem für die Bürger, aber der Mann **4** _____: „Ich kann die Ratten töten."
Der Bürgermeister sagte: „Ich werde Ihnen viel Gold geben, wenn die Ratten weg sind."

Der Mann ging durch die Straßen und **5** _____ Flöte. Die Ratten hörten die schöne Musik und
folgten dem Mann. Er ging zum Fluss, die Ratten **6** _____ ins Wasser und waren alle tot.

Der Bürgermeister **7** _____ dem Mann kein Gold geben und der junge Mann war nicht zufrieden!
Er **8** _____ mit seiner Flöte durch die Stadt und alle Kinder **9** _____ seiner Musik – man sah
die Kinder nie wieder. Nur ein Junge blieb in der Stadt –
er war krank und konnte dem Rattenfänger nicht folgen.

der Bürger(–) = citizen   **nie wieder** = never again

folgten   spielte   sprangen   hatte   kam   war   ging   sagte   wollte

 4 Schreib ein Blog: „Zwei Sachen ..."

Include 2:
- favourite things
- things you could do at certain ages
- memories of primary school
- things you had to do/weren't allowed to do
- things that are different now.

Grammatik

als (when)

When you are talking about the past, use **als** to mean 'when'. The verb goes at the end of the sentence.

*Ich **war** acht Jahre alt.* ➜ **Als** *ich acht Jahre alt **war**.* When I was eight.

*Ich hatte ein Handy, **als** ich acht Jahre alt **war**.* I had a mobile phone when I was eight.

If the **als** phrase is the first part of a sentence, the next part is separated by a comma and starts with a verb ('verb second' rule). This gives the pattern 'verb–comma–verb':

Als *ich acht Jahre alt **war, hatte** ich ein Handy.* When I was eight, I had a mobile phone.

1 Join the sentences using **als** in the underlined part. Then translate the new sentence into English.

   Example: **1** Ich hatte einen Teddybären, als ich drei Jahre alt war. (I had a teddy when I was three.)

   1 Ich hatte einen Teddybären. <u>Ich war drei Jahre alt</u>.
   2 Sie spielte mit Puppen. <u>Sie war jünger</u>.
   3 Er hat ein kleines Auto bekommen. <u>Er ging zur Schule</u>.
   4 <u>Ich war sieben Jahre alt</u>. Ich hatte kein Handy.
   5 <u>Du warst viel jünger</u>. Deine Lieblingssendung war „Pingu".
   6 <u>Wir wohnten in München</u>. Meine Mütze war mein Lieblingskleidungsstück.

The superlative

Use the superlative to say that someone or something is 'the tallest', 'the funniest', 'the most intelligent', etc.
In English it either ends in '–est' or has 'the most' before it. In German you usually just add **–ste** to an adjective.

klein ➜ *der/die Klein**ste*** (the smallest)

If the adjective ends in **–t**, add **–este** so it's easier to pronounce.

intelligent ➜ *der/die Intelligent**este*** (the most intelligent)

Some shorter adjectives also add an umlaut:

groß ➜ *der/die Gr**ö**ß**te*** (the tallest)

alt ➜ *der/die **Ä**lt**este*** (the oldest)

> In the superlative, the adjectives are used as nouns, and all nouns in German begin with a capital letter.

2 Translate the sentences into German. Use adjectives from the box in the superlative form.
   1 She was the cheekiest.
   2 He was the cutest.
   3 Emma was the sportiest.
   4 Sebastian was the most musical.
   5 Antje is the most intelligent.
   6 Lars is the tallest.
   7 Laura is the oldest.
   8 Sven is the loudest.

alt	laut
frech	musikalisch
groß	niedlich
intelligent	sportlich

The imperfect tense of modal verbs

To say what you could do (were able to do) at certain ages, use the imperfect of **können** (to be able to, 'can').

Remove the umlaut and **–en** from the infinitive to get the stem (**konn–**), then add the imperfect endings:

ich konn**te**	+ infinitive verb at the end
du konn**test**	… lesen
er/sie/es/man konn**te**	… schreiben
wir konn**ten**	… schwimmen
ihr konn**tet**	… spielen
Sie konn**ten**	
sie konn**ten**	

*Mit vier Jahren **konnte** ich **lesen**.* I **could read**/I **was able to read** at the age of four.

Other modal verbs have the same endings as **können** in the imperfect tense. They also lose the umlaut in the stem:

müssen ➜ muss–	ich muss**te** – I had to	
dürfen ➜ durf–	ich durf**te** – I was allowed to	+ infinitive at the end
wollen ➜ woll–	ich woll**te** – I wanted to	

3 Complete the sentences in the imperfect tense, then translate them into English.
1 Mit fünf Jahren _____ er bis 100 zählen. (können)
2 Ich _____ mit vier Jahren lesen. (können)
3 Wir _____ einen Handstand machen. (dürfen)
4 Du _____ keine Schokolade essen. (dürfen)
5 Meine Schwester _____ ihren Namen schreiben. (müssen)
6 Mit sieben Jahren _____ wir um 20 Uhr ins Bett gehen. (müssen)
7 Mit zehn Jahren _____ ihr nicht um 7 Uhr aufstehen. (wollen)

The imperfect tense

The imperfect tense is used for the past ('said', 'went', etc.) when telling stories in German.

Regular verbs (e.g. **wohnen** – to live) follow the same pattern as modal verbs. See Unit 4 (page 83) for more information, including an example of an irregular verb in the imperfect tense.

4 Rewrite the sentences in the imperfect tense.
Example: **1** Ich <u>wohnte</u> in Dresden.
1 Ich wohne in Dresden.
2 Die Brüder spielen auf der Straße.
3 Was sagt die alte Frau?
4 Die Kinder gehen in den Wald.
5 Sie sieht den bösen Wolf.
6 Das Mädchen hat einen Teddybären.
7 Die Schwestern sind gemein.
8 Es gibt einen schönen Prinzen.

- Look at the present tense verb.
- Work out the infinitive of the verb.
- Get the stem.
- Write the correct imperfect form of the verb.

Wörter

Meine Kindheit • My childhood

Als ich fünf Jahre alt war, ...	When I was five years old ...
Als ich klein war, ...	When I was little ...
Als ich jünger war, ...	When I was younger ...
hatte ich ein tolles Rad.	I had a great bike.
hatte ich eine komische Mütze.	I had a funny cap.
hatte ich einen kleinen VW.	I had a small VW.
hatte ich viele Kuscheltiere und Puppen.	I had many soft toys and dolls.
war ich nicht modisch.	I was not fashionable.
war mein Teddybär mein Lieblingsspielzeug.	my teddy was my favourite toy.
mein Lieblingsessen	my favourite food
meine Lieblingssendung	my favourite programme
mein Lieblingshobby	my favourite hobby
mein Lieblingskleidungsstück	my favourite item of clothing

Erinnerungen • Memories

früher und heute	then and now
Mit welchem Alter konntest du ...?	At what age could you ...?
Mit sechs Monaten ...	At six months old ...
Mit einem Jahr ...	At one year old ...
Mit zwei Jahren ...	At two years old ...
konnte ich ...	I could ...
lächeln	smile
laufen	walk
sprechen	talk
bis 20 zählen	count to 20
meinen Namen schreiben	write my name
lesen	read
schwimmen	swim
Rad fahren	ride a bike
die Uhr lesen	tell the time

Was durftest du machen? • What were you allowed to do?

Ich durfte ...	I was allowed to ...
Ich durfte nicht ...	I was not allowed to ...
Ich musste ...	I had to ...
Ich durfte alleine in die Schule gehen.	I was allowed to go to school on my own.
Ich durfte alleine ins Kino gehen.	I was allowed to go to the cinema on my own.
Ich durfte nicht alleine in die Stadt gehen.	I was not allowed to go into town on my own.
Ich durfte (k)ein Handy haben.	I was (not) allowed to have a mobile phone.
Ich durfte keine Schokolade essen.	I was not allowed to eat chocolate.
Ich musste um 19 Uhr ins Bett gehen.	I had to go to bed at seven o'clock.
Ich musste um 18 Uhr zu Hause sein.	I had to be home by six o'clock.
Ich darf mein eigenes Handy haben.	I am allowed to have my own mobile phone.
Ich muss um 22 Uhr 30 ins Bett gehen.	I have to go to bed at half past ten.

Oft benutzte Wörter • High-frequency words

als	when
jünger	younger
hatte/hatten	had
war/waren	was/were
es gab	there was/were
musste/mussten	had to
durfte/durften	was allowed to/were allowed to
konnte/konnten	could

Grundschule und Sekundarschule
• Primary and secondary school

Wir haben viele Hausaufgaben.	*We have lots of homework.*
Wir hatten keine Hausaufgaben.	*We had no homework.*
Wir müssen das Klassenzimmer wechseln.	*We have to change classrooms.*
Wir mussten in einem Klassenzimmer bleiben.	*We had to stay in one classroom.*
Es gibt ein Schwimmbad.	*There's a swimming pool.*
Es gab kein Schwimmbad.	*There was no swimming pool.*
Die Sekundarschule hat 1000 Schüler.	*The secondary school has 1,000 pupils.*
Die Grundschule hatte 200 Schüler.	*The primary school had 200 pupils.*
Wir dürfen kein Klassentier haben.	*We are not allowed to have a class pet.*
Wir durften einen Klassen-Hamster haben.	*We were allowed to have a class hamster.*
Die Lehrer und Lehrerinnen sind streng.	*The teachers are strict.*
Die Lehrer und Lehrerinnen waren freundlicher.	*The teachers were friendlier.*
Die Klassenzimmer sind größer.	*The classrooms are bigger.*
Die Klassenzimmer waren bunter.	*The classrooms were more colourful.*

Meine Klassenkameraden
• My classmates

Er war der ...	*He was the ...*
Sie war die ...	*She was the ...*
Älteste	*oldest*
Größte	*tallest*
Kleinste	*smallest*
Intelligenteste	*most intelligent*
Sportlichste	*sportiest*
Lauteste	*loudest*
Musikalischste	*most musical*
Ungepflegteste	*scruffiest*
Frechste	*cheekiest*

Märchen • Fairy tales

Es war einmal ...	*Once upon a time there was ...*
ein Junge/ein Mädchen/ eine Dame	*a boy/a girl/a lady*
das Märchen(–)	*fairy tale*
der Wald(¨er)	*wood, forest*
der König(e)/ die Königin(nen)	*king/queen*
der Prinz(en)/ die Prinzessin(nen)	*prince/princess*
der Sohn(¨e)/ die Tochter(¨)	*son/daughter*
der Junge(n)/ das Mädchen(–)	*boy/girl*
arbeitete (*from* arbeiten)	*worked*
aß (*from* essen)	*ate*
begann (*from* beginnen)	*began*
gab (*from* geben)	*gave*
ging (*from* gehen)	*went*
kam (*from* kommen)	*came*
lief (*from* laufen)	*ran*
sagte (*from* sagen)	*said*
sah (*from* sehen)	*saw*
wollte (*from* wollen)	*wanted*

Mein Leben in Wort und Bild

➤ Discussing childhood memories
➤ Creating a 'baby book'

1 Lies das Baby-Buch und füll die Lücken aus.

Vor deiner Geburt

Seit dem **1** _____ *Januar* wissen wir, dass du
unterwegs bist. Wir haben uns so gefreut!
Du **2** _____ am *4. September* zur Welt kommen.
Hier ist dein erstes Foto: ein Ultraschallbild vom
30. **3** _____ .

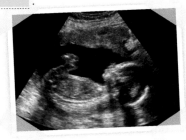

Das konnten wir schon erkennen:
Kopf, Arme, **4** _____

Was wirst du – ein Junge oder ein Mädchen?
Mama meinte: ein *Junge*
Papa glaubte: ein **5** _____

Wie solltest du heißen?
Mädchennamen: ☺ **6** _____ , *Emilia, Lotte, Freja*
Jungennamen: ☺ *Benno,* **7** _____ *Felix, Oliver*

---

kg	drei	22.	bekommen

solltest	Beine	Bleistifte	Euro

Florian	Mädchen	März	Opa

Sophie	Uhr	Wochen

2 Wie heißt das auf Deutsch?

1 on the way
2 to come into the world
3 an ultrasound picture
4 boys' names

5 Congratulations!
6 the first tooth
7 to nursery school
8 the tooth fairy

O bis 3 Jahre

Wann bist du geboren? Am *6. September* um *04.28*
8 _____ .
Gewicht: *3,75* **9** _____
Hattest du Haare? *Ja, hellbraune Haare*
Wie waren deine Augen? *blau*

Wir gratulieren! Du hast *24* Karten zur Geburt
10 _____ .
Hier ist eine Karte von *Oma und* **11** _____ *Fröhle.*

Geschenke: *Kleidung, 4 Teddybären, viel Spielzeug ...*

Wann kam der erste Zahn? *Mit 17* **12** _____ .
Was hast du zum ersten Geburtstag bekommen?
Geld, noch 2 Teddybären (!), Kleidung, eine Peter-Hase-Uhr,
noch mehr Spielzeug!

Wann bist du in den Kindergarten gegangen?
Mit **13** _____ *Jahren*
Wer war dein bester Freund/deine beste Freundin?
Laura Hoffmeyer und Tobias Waldmann

4 bis 7 Jahre

Schulanfang: Du warst *5* Jahre und *11* Monate alt.
Was hast du in der Schultüte gehabt?
Rechner, **14** _____ , *Schokoladenei, Hefte, vieles mehr*

Wann ist der erste Zahn ausgefallen?
Mit 6 Jahren und zwei Monaten
Hat dir die Zahnfee etwas dafür gegeben?
Ja, einen **15** _____

3 Partnerarbeit. Diskutiere Namen.

Beispiel:

- ● *Woher kommt dein Name?*
- ■ *Mein Vater wollte mich (Harry/Harriette) nennen.*
- ● *Hast du einen zweiten oder dritten Namen?*
- ■ *Ja, aber mein zweiter Name ist peinlich und ich sag den Namen nicht!*
- ● *Wie würdest du als Junge/Mädchen heißen?*
- ■ *Als Junge: (Harry)/Als Mädchen: (Harriette). Das finde ich gut/interessant …*
- ● *Welchen Namen möchtest du haben?*
- ■ *Mein Lieblingsname ist …, weil …*

> Some nouns, e.g. **der Name**, are called weak masculine nouns. When they are the object of the sentence (accusative case), they add **–n**.
>
> *Ich mag meinen Name**n**.* (I like my name.)

nennen = to name, to call

4 Hör dir das Interview mit Sven an und lies.

Zwei Minuten mit … Sven

Was ist deine erste Erinnerung?
Ich habe eine sehr frühe Erinnerung. Ich war zwei Jahre alt und ich war im Supermarkt, aber ich konnte meinen Vater nicht finden. Ich habe geheult! Glücklicherweise ist nichts Schlimmes passiert, aber ich gehe heute nicht gern einkaufen!

Wie war der Kindergarten für dich?
Ich bin mit drei Jahren in den Kindergarten gegangen und das hat viel Spaß gemacht. Wir haben schön gespielt und viele Lieder gesungen. Mein Lieblingslied war „Alle meine Entchen". Ich habe immer noch Freunde aus dem Kindergarten. Das waren schöne Tage.

Und wie war dein erster Schultag?
Oh, der war toll!
Meine Schultüte war die Größte – Süßigkeiten, Schulsachen, Spielzeug … es war alles drin. Die Sekundarschule habe ich nicht so gut gefunden und ich war kein guter Schüler.

Was sind deine besten Erinnerungen an deine Kindheit?
Hmm … es gibt so viele. Zum zehnten Geburtstag habe ich einen Hund bekommen. Das war so cool. Falko ist jetzt alt, aber wir haben immer alles zusammen gemacht – er ist mein bester Freund!

> *Alle meine Entchen schwimmen auf dem See, Köpfchen in das Wasser, Schwänzchen in die Höh'.*

5 Lies das Interview noch mal und beantworte die Fragen auf Englisch.

1 Why does Sven not like going shopping now?
2 Where did he learn a song about ducks?
3 What kind of things did he get on his first day at school?
4 What does he say about his experience at secondary school?
5 What does he say about his dog?

6 Wähl **a** oder **b** aus.

a Mach ein Baby-Buch über deine Kindheit: Mein Leben in Wort und Bild.
b Mach eine Präsentation am Whiteboard über deine Kindheit: Mein Leben in Wort und Bild.

You could include:
- photos and pictures
- explanations and descriptions in German

and for a presentation:
- videos
- audio files (reading the text of the slides or additional material).

1 Sieh dir die Karte und die Rekorde an. Wo ist das?

Quiz: Länderrekorde

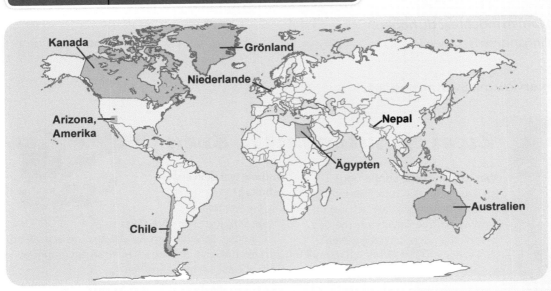

Kanada
Grönland
Niederlande
Arizona, Amerika
Nepal
Ägypten
Chile
Australien

1 Der höchste Berg ist der Mount Everest. Er ist fast neun Kilometer hoch und ist in _____ .

2 Der längste Fluss ist der Nil. Er ist 6.650 Kilometer lang und fließt durch _____ und andere Länder in Afrika.

3 Die größte Insel ist _____ . Sie liegt in der Nähe von Kanada.

4 _____ ist mit 7.692.000 km² der kleinste Kontinent. Es ist ein Land und ein Kontinent.

5 _____ hat die längste Küste. Sie ist 243.791 Kilometer lang.

6 Die trockenste Wüste ist die Atacamawüste in _____ . Es regnet fast nie dort.

7 Der sonnigste Ort ist _____ . Er bekommt im Durchschnitt 11 Stunden Sonne pro Tag.

8 Die größten Menschen kommen aus den _____ . Der Durchschnittsmann ist über 1,83 Meter groß und die Durchschnittsfrau ist über 1,70 Meter groß.

---

trocken = dry

der Ort = place

im Durchschnitt = on average

2 Sieh dir die Fotos und die Titel an. Was passt zusammen?

Na so was! Das Guinness-Buch der Rekorde

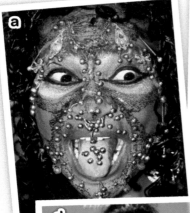

1 die längsten Fingernägel

2 der jüngste Schlagzeuger

3 der längste individuelle Tanzmarathon

4 die meistgepiercte Frau

5 das größte 3D-Straßenkunstwerk

6 der schnellste Mann

das Kunstwerk = work of art

Kulturzone
Nach einer Studie ist Hamburg die glücklichste Stadt Deutschlands. Im regionalen Ranking war die Nordseeregion auf dem zweiten und Bayern auf dem dritten Platz.

Nordsee Region

Hamburg

Bayern

➤ Talking about age limits
➤ Word order with conjunctions

1 Gruppenarbeit. Ab wann darf man das? Was ist deine Meinung?

Ab **?** Jahren darf man in (Deutschland / England) ... ?

a einen Teilzeitjob haben

b Blut spenden

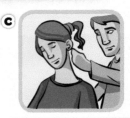

c ein Piercing haben

d bis 24 Uhr in Discos oder Clubs bleiben

e ohne Eltern in den Urlaub fahren

f ein Haustier kaufen

g die Schule verlassen

h den Namen ändern

i ein Mofa fahren

- ● *Ab 14 Jahren darf man in England einen Teilzeitjob haben, stimmt das?*
- ■ *Nein, ich denke, ab 13 Jahren.*
- ◆ *Ja, ich denke, das ist richtig.*
- ● *Und in Deutschland?*
- ◆ *Ich denke, auch ab 13 Jahren.*

13 **14** **15** **16**

17 **18** **21**

Aussprache

Practise pronouncing the new language using the key sounds you've learned.
For example:
Blut and *Urlaub* as in *Buch*, *spenden* as in *Spitzbart* and *ändern* as in *Bär*.

Note that the *j* in *Job* is pronounced as in English, not as in *Jo-Jo*.

Some age limits depend on whether there is parental consent:

mit Einwilligung der Eltern = with parental consent

ohne Einwilligung der Eltern = without parental consent

Man darf ab 16 Jahren mit Einwilligung der Eltern heiraten. =You are allowed to get married from the age of 16 with parental consent.

Es gibt keine Altersgrenze. = There is no age limit.

2 Hör zu. Was sind die Altersgrenzen in Deutschland und England? (1–6) Schreib die Tabelle ab und füll sie aus.

	Aktivität	Deutschland	England
1	ein Nasenpiercing haben	18 (16 – mit Einwilligung)	0 (keine Altersgrenze)

Anticipating what you will hear will help with listening. Before you do exercise 2:
- sound out the key language from exercise 1
- say aloud the numbers of the key ages for your partner to write down.

3 Lies den Text. Wie heißt das auf Deutsch?

WAS DARF MAN WO?

Wenn Kinder Jugendliche werden, wollen sie neue Aktivitäten ausprobieren. Dann gibt es oft Diskussionen mit den Eltern. Es ist aber nicht nur Elternsache. Das Jugendschutzgesetz in Deutschland hat bestimmte Regeln. Zum Beispiel darf man erst ab 18 Jahren Paintball spielen. Die Altersgrenzen in anderen Ländern sind unterschiedlich. Wenn man 14 Jahre alt ist, darf man in Österreich schon Paintball spielen. Wenn man in England wohnt, darf man ab 12 Jahren Paintball spielen.

erst ab 18 Jahren = only from the age of 18

1 young people
2 to try out
3 arguments
4 a matter for parents
5 the young people's law
6 specific rules
7 age limits
8 different/variable

Grammatik

> Page 113

Wenn ('when', 'whenever', or 'if') sends the verb to the end of the sentence or clause, just like *weil*.

If there is another verb later, it comes immediately after the comma:

Wenn man in Deutschland **wohnt**, **darf** man ab 15 Jahren ein Mofa fahren.
If you live in Germany, you are allowed to ride a moped from the age of 15.

4 Sieh dir die Tabelle an. Schreib sechs Sätze mit 'wenn'.

Beispiel: **1** Wenn man in Deutschland wohnt, darf man ab 18 Jahren Paintball spielen.

	Paintball spielen	einen Lottoschein kaufen	sich tätowieren lassen	ein Kind adoptieren
England	12	16	18	21
Deutschland	18	18	18 (16 mit Einwilligung der Eltern)	25
die Schweiz	0 (keine Altersgrenze)	18	18 (16 mit Einwilligung der Eltern)	35
Österreich	14	18	18 (16 mit Einwilligung der Eltern)	28

5 Gruppenarbeit. Sieh dir die Tabelle in Aufgabe 4 noch mal an. Was darf man wo? Und wo ist es besser?

● *Wenn man in England wohnt, darf man ab 12 Jahren Paintball spielen.*
▪ *Ja, ich denke, das ist gut.*
● *Ich auch. Was denkst du?*
◆ *Ich denke, es ist zu jung.*
▪ *Ja, das stimmt. Ab 14 Jahren ist besser.*

Use these phrases to help give your opinion, and to agree or disagree:

Ich denke, das ist gut.
Ich denke, es ist zu alt / jung.
Ich auch.
Was denkst du?
Das stimmt.

1 Sieh dir das Bild an. Schreib drei Sätze.

Beispiel: Island ist glücklich.

Das glücklichste Land der Welt

Norwegen   die Schweiz   Island

glücklicher   das glücklichste Land   glücklich

2 Lies das Blog. Finde die Superlativformen. Was sind die Adjektive?

Beispiel: glücklichste ➜ glücklich

Grammatik   › Page 112

Use the **comparative** form of an adjective to say something is **more** or **less** ... than something else:

*England ist **kleiner** als Australien.*
England is smaller than Australia.

The **superlative** form of an adjective describes **the most** or **the least** ... of something. Form the superlative by adding **–ste** to an adjective:

*Australien ist **der kleinste** Kontinent.*
Australia is the smallest continent.

The superlative adjective can also become a noun:

*Er ist **der Sportlichste**.* He is the sportiest (one).

*Musik ist mir **das Wichtigste**.*
Music is the most important thing to me.

Die Schweiz hat vor Kurzem den Titel „das **glücklichste** Land" bekommen. Die Studie von 36 Ländern hat auch Neuseeland das **gesündeste** Land genannt. Im Ranking war Japan das **sicherste** und Amerika das **reichste** Land. Australien hat den **besten** Lebensstandard. Zu den **wichtigsten** Kriterien waren Familie, Gesundheit, Sicherheit, Einkommen (Geld), Bildung, Umwelt und Jobs.

Source: OECD Better Life Index

Welches ist das glücklichste Land?

1	die Schweiz		6	Holland
2	Norwegen		7	Österreich
3	Island		8	Kanada
4	Schweden		9	Finnland
5	Dänemark		10	Mexiko

3 Lies das Blog noch mal. Schreib die Tabelle ab und füll sie aus.

Beispiel: **1** countries

1	survey of 36 ▢	
2	▢	happiest country
3	New Zealand	▢ country
4	Japan	▢ country
5	▢	richest country
6	Australia	▢
7	criteria for the survey	family, ▢, ▢, income, ▢, ▢, jobs

In the last row of the table you're looking for nouns. Nouns in German often end in **–heit** or **–ung**. Try breaking them down to work out the meanings. You can also use logic and context to help you. Which other criteria would fit with 'family', 'income' and 'jobs' in this text about the happiest countries?

4 Hör zu und lies. Die Teenager besprechen, was wichtig ist. Sieh dir die Bilder an. Wer sagt was?

Beispiel: Stefan: a, ...

Was ist dir wichtig?
... ist mir wichtig.
... ist mir das Wichtigste.

Mein Computer ist mir das Wichtigste, weil ich alles darauf machen kann. Ich suche oft Infos und mache Hausaufgaben am Computer. Gute Noten in der Schule sind mir sehr wichtig, weil ich Arzt werden möchte. Meine Familie ist mir auch wichtig, weil sie mich glücklich macht. Ich spiele in einer Band – Musik ist mir auch sehr wichtig.

Stefan

Sport ist mir das Wichtigste, weil es Spaß macht und weil ich fit bleiben will. Ich schlafe auch sehr gern, weil ich so oft trainieren muss. Ausschlafen am Sonntagmorgen ist mir sehr wichtig! Wenn ich zu Hause bin, esse ich gern Schokolade (nicht zu viel!) und ich spiele gern mit meinem Hund, Dino. Er ist mir wichtig, weil er mein bester Freund ist.

Bella

ich will = I want to
ausschlafen = to have a lie-in

a

b

c

d

e

f

g

h

5 Verbinde die zwei Sätze mit *weil*.

Beispiel: **1** Ich gehe gern einkaufen, weil ich Kleider toll finde.

1 Ich gehe gern einkaufen. Ich finde Kleider toll.
2 Meine Familie ist mir wichtig. Sie macht mich glücklich.
3 Musik ist mir wichtig. Ich will in einer Band spielen.
4 Ausschlafen ist mir wichtig. Ich bin oft müde.
5 Mode ist mir wichtig. Ich möchte gut aussehen.
6 Mein Computer ist mir wichtig. Ich kann damit Hausaufgaben machen.

Grammatik ⟩ Page 113

Remember that *weil* sends the verb to the end of the clause or sentence.

*Sport ist mein Leben. Er **macht** Spaß.*

➜ *Sport ist mein Leben, **weil** er Spaß **macht**.*

When there are two verbs, the verb that matches the subject is always in the final position.

*Ich mache gern Sport. Ich **will** fit **bleiben**.*

➜ *Ich mache gern Sport, **weil** ich fit **bleiben will**.*

I like doing sport because I want to keep fit.

6 Partnerarbeit. Erzähl deinem Partner/deiner Partnerin, was dir wichtig/nicht wichtig ist.

Beispiel: **1** Meine Familie ist mir das Wichtigste, weil sie mich glücklich macht.

1	**... ist mir das Wichtigste, weil ...**
2	**... ist mir auch wichtig, weil ...**
3	... ist mir nicht so wichtig, weil ...
4	... ist mir gar nicht wichtig, weil ...

3 Ein neues Leben

➤ Comparing life now and in the past
➤ Understanding and using past, present and future tenses

1 Hör zu und lies. Sind die Sätze richtig oder falsch? (1–6)

> Moses und seine Familie haben ein neues Leben in Deutschland angefangen. Sie haben früher in Simbabwe, Südafrika, gewohnt.

> „Mein Haus hier ist größer und viel moderner als mein altes Haus."

> „Ich musste früher jeden Tag zu Fuß zur Schule gehen. Jetzt fahre ich mit dem Bus zur Schule und das ist viel besser."

> „Die Schule finde ich schwierig, weil ich Deutsch lernen muss. Meine Schule in Simbabwe war einfacher."

> „Es ist ziemlich kalt hier und ich hatte noch nie Schnee gesehen! Wenn ich sechzehn bin, darf ich einen Skikurs machen."

> „Es ist gut, dass meine Eltern und mein Bruder hier sind. Früher habe ich aber viel Zeit mit meiner Großmutter verbracht und jetzt vermisse ich sie sehr."

> „Fußball ist mir sehr wichtig. Früher habe ich jeden Abend mit meinen Freunden Fußball gespielt. Ich habe noch keine richtigen Freunde hier, aber ich werde nächste Woche in der Schulmannschaft spielen. Ich freue mich darauf!"

1 Moses wohnt in Afrika.
2 Moses findet die neue Schule nicht einfach.
3 Moses' Großmutter wohnt in Deutschland.
4 Moses fährt gern mit dem Bus zur Schule.
5 Moses möchte einen Skikurs machen.
6 Moses hat schon viele gute Freunde in Deutschland.

2 Lies den Text noch mal. Schreib die Tabelle ab und zeichne ☺ oder ☹ für jede Kategorie.

	früher	heute
Haus	☹	☺
Schule		
Familie		
Transport		
Wetter		
Sport		

Grammatik

> Page 112

When a sentence has information about **time** (*wann?*), **manner** (*wie?*) and **place** (*wo?*), it goes in this order:

Time   **Manner**   **Place**

Ich fahre jeden Tag mit dem Bus zur Schule.
Every day I travel to school by bus.

If a sentence has only two details, e.g. time and place or manner and place, the order is still followed:

Time   **Place**

Sie haben früher in Simbabwe, Südafrika, gewohnt.

Can you find three more sentences like this in exercise 1?

There will be a happy or sad face in every box and in some boxes there may be both.

3 Sieh dir Aufgabe 1 an. Wähl zwei Absätze aus und übersetze sie ins Englische.
Beispiel: (Absatz 1) Moses and his family have started a new life ...

4 Sieh dir Aufgabe 1 an. Schreib mindestens sechs Fragen in der *du*-Form zum Text.
Beispiel: Wo hast du früher gewohnt?

5 Gruppenarbeit. Sieh dir deine sechs Fragen aus Aufgabe 4 an. Du bist Moses. Deine zwei Partner/Partnerinnen stellen dir Fragen. Dann tauscht die Rollen.

6 Hör zu. Sieh dir die Bilder an. Was erwähnt Marina? Schreib die **sechs** richtigen Buchstaben auf.
Beispiel: b, ...

Adapt the language in the sentences in exercise 1 to create your own questions.

Sie haben früher in Simbabwe, Südafrika, ***gewohnt***.
They used to live in Zimbabwe, South Africa.

→ Wo ***hast du früher gewohnt***?
Where **did you use to live**?

Mein Haus hier ist größer und viel moderner als mein altes Haus.

→ Wie ***ist dein Haus hier*** (in Deutschland)?

7 Hör noch mal zu. Beantworte die Fragen auf Deutsch.

1 Wo hat Marina früher gewohnt?
2 Als was arbeitet ihre Mutter?
3 Wie ist ihr neues Haus in Kanada?
4 Was ist Marina wichtig?
5 Was musste sie lernen?
6 Was wird sie nächsten Monat machen?

8 Stell dir vor. Du hast mit deiner Familie ein neues Leben angefangen.
Benutze die Infos. Beschreib dein neues Leben und vergleich es mit deinem früheren Leben.
Beispiel: Meine Familie und ich haben ein neues Leben in Australien angefangen ...

heute	früher
ein neues Leben in Australien	in Österreich
in einer Großstadt – Sydney	in einem kleinen Dorf
surfen	Ski fahren
Schule – einfacher (muss aber Englisch lernen)	Schule – in Ordnung
jeden Tag sonnig und heiß	oft ziemlich kalt
viele neue Freunde kennengelernt	hatte viele Freunde
nächste Woche: nach Ayers Rock fahren	

Kulturzone
Jedes Jahr fangen ungefähr 700.000 Deutsche ein neues Leben im Ausland an. Mehr als eine Million Menschen beginnen ein neues Leben in Deutschland.

➤ Discussing how we can make a difference
➤ More practice using **um ... zu** (in order to)

1 Lies die Texte. Welcher Infinitiv ist das?

Um eine bessere Welt zu haben, kann man ...

1 ein Kind oder ein Tier ...

2 Energie und Wasser ...

3 Öko-Produkte ...

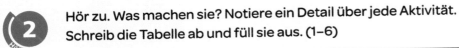

4 ehrenamtlich ...

5 Spenden ...

6 Briefe an die Regierung ...

a sammeln   **b** sparen   **c** arbeiten   **d** schreiben   **e** sponsern   **f** kaufen

2 Hör zu. Was machen sie? Notiere ein Detail über jede Aktivität.
Schreib die Tabelle ab und füll sie aus. (1–6)

	Activity	Details
1	work as a volunteer	spend an hour with elderly people every week
2		

Use the key sounds to help you record your answers in German for exercise 3, e.g.

the **z** of **Zickzack**

the **au** of **Haus**

and the **ei** of **Eis**.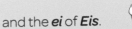

3 Hör zu. Schreib die sechs Ideen auf Deutsch auf. (1–6)
Um Spenden zu sammeln, kann man ...
Beispiel: **1** ... an einem Benefizlauf teilnehmen.

4 Sieh dir deine Antworten aus Aufgabe 3 an. Welches Bild passt?
Beispiel: **1** c

 **a**
 **b**
 **c**
 **d**
 e
 **f**

5 Gruppenarbeit. Sieh dir die Bilder in Aufgabe 4 an. Wie findest du diese Ideen?
● *Ich denke, ein gesponsertes Schweigen ist eine tolle Idee!*
■ *Was?! Quatsch! Das ist so langweilig! Ein Benefizlauf ist besser.*
◆ *Ja, aber das ist sehr anstrengend.*
● *Was denkst du?*

6 Alles für einen guten Zweck! Hör zu. Wer ist das? Wähl das richtige Bild aus. (1–4)

Jessie J

Eddie Izzard

Helen Skelton

David Walliams

7 Hör noch mal zu. Was haben sie gemacht, um Spenden zu sammeln? Schreib die Tabelle ab und füll sie auf Englisch aus.

	1	2	3	4
Name:				
Challenge:			swam 225 km along the Thames	
When:	2009			
How long (time):				only a few minutes
Money raised:		more than £250,000		

Listening for numbers can be tricky. Preparation and prediction will help. Look at the table and match the three written numbers below to the correct details:
- zwei|hundert|fünfzig|tausend
- zwei|hundert|fünfundzwanzig
- zwei|tausend|neun.

8 Lies die Texte. Beantworte die Fragen in ganzen Sätzen auf Deutsch. Benutze *um … zu*, wenn möglich.

Schüler der 8. Klasse des Kaiser Wilhelm Gymnasiums haben am Projekt „24 Stunden – Aktion für eine bessere Welt" teilgenommen. Sie haben alle Aktionen organisiert, um eine bessere Welt zu haben.

Wir wollten ein 24 Stunden-Benefizkonzert organisieren, aber wir durften es nicht. Also mussten wir ein kurzes Abendkonzert geben. Es ist aber super gelaufen. Mehr als 200 Leute sind gekommen und wir haben 350 Euro gesammelt.

Um Spenden zu sammeln, hat meine Gruppe ein gesponsertes Schweigen gemacht. Wir haben den ganzen Tag kein Wort gesprochen. Jede Person hat Sponsoren gesucht. Wir haben 84 Euro gesammelt! Nächstes Mal werden wir eine Talentshow organisieren.

Grammatik > Page 113

Um … zu (in order to) is used with an infinitive, which goes at the end of the sentence. There is usually a comma before *um*.

Man kann einen Kuchenverkauf organisieren, um Spenden zu sammeln.
You can organise a cake sale (in order) to raise money.

wir wollten = we wanted to

1 Warum haben die Schüler an diesem Projekt teilgenommen?
2 Wie viel hat man auf dem Abendkonzert gesammelt?
3 Warum hat eine Gruppe den ganzen Tag kein Wort gesprochen?
4 Bei welcher Aktion hat man die meisten Spenden gesammelt?
5 Was wird die zweite Gruppe nächstes Mal machen?

Include the following details:
- reason for the project
- one thing you wanted to do but were not allowed
- what you did and how much you raised
- what you will do next time.

9 Du hast neulich an dem Projekt „Aktion für eine bessere Welt" teilgenommen. Was hast du gemacht? Schreib einen kurzen Bericht.

5 Jeder kann was tun!

➤ Describing small changes that mak
a big difference
➤ Developing ideas and justifying opinions

1 Sieben Tipps für den Alltag! Hör zu. Schreib die Tipps auf. (1–7)
Beispiel: **1** Man kann umweltfreundliches Papier kaufen.

To develop your accuracy, read aloud what you have written, linking back to the key phonics sounds:

kaufen as in *Haus*,

the *w* in *Umwelt* as in *Wildwassersport*.

2 Partnerarbeit. Wie heißt das auf Deutsch und auf Englisch?
Beispiel:

● Foto a ist „Man kann einen Kapuzenpulli zu Hause tragen."
■ You can wear a hoodie at home. Foto b ist …

3 Hör zu und lies. Verbinde die Satzhälften. (1–7)
Beispiel: **1** f

Schulprojekt: Tipps für eine bessere Welt. Josef Mohr Schule, Salzburg

1 Man kann den Müll sortieren,

2 Man kann duschen statt baden,

3 Man kann bunte Farben tragen,

4 Man kann Obst und Gemüse der Saison kaufen,

5 Man kann Elektrogeräte – Fernseher, Radios, Computer – ausmachen,

6 Man kann Obst und Gemüse selbst kultivieren,

7 Man kann eine Fremdsprache lernen,

a um die Transportkosten zu reduzieren.

b um Energie zu sparen.

c um Wasser zu sparen.

d um mit Menschen aus anderen Ländern und Kulturen besser in Kontakt zu kommen.

e um die Umwelt zu verbessern.

f um Materialien wie Papier zu recyceln.

g um Leute glücklich zu machen!

4 Lies die Tipps in Aufgabe 3 noch mal und sieh dir die Fotos an.
Verbinde die Fotos mit den Tipps.
Beispiel: **1** c

 5 Partnerarbeit. Mach das Buch zu. Mach Dialoge.

● *Was kann man machen, um die Welt zu verbessern?*
■ *Man kann duschen statt baden, um Wasser zu sparen.*

 Vary your language whenever you can:

um eine bessere Welt zu haben, ... ➜ *um die Welt zu verbessern, ...*

 6 Hör zu. Füll die Tabelle auf Englisch aus. (1–5)

	Name	Tip	Reason	Agree/Disagree	Reason
1	Elena	sort the rubbish			
2					

 7 Bereite dich auf eine Debatte vor. Was sind deine
Lieblingstipps? Schreib sie auf.
Beispiel: Man kann weniger fernsehen, um Energie zu sparen.

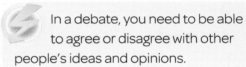 In a debate, you need to be able
to agree or disagree with other
people's ideas and opinions.

 8 Gruppenarbeit. Deine Gruppe führt eine Debatte.
Präsentiere deine Tipps. Gib Gründe an und sag deine
Meinung.

Das stimmt.   Das stimmt nicht.

Ja, natürlich!   Das ist nicht so
einfach.

*Man kann bunte Farben tragen,
um Leute glücklich zu machen.*

Das finde ich wichtig.   Das finde ich nicht
so wichtig.

Ich bin ganz deiner
Meinung.

Man kann ...

*Ja, aber das ist nicht so wichtig!
Bunte Farben sind altmodisch.*

6 Was ist Glück?

➤ Discussing what is importan[t] for happiness
➤ Reading and responding to authentic and literary texts

1 HÖREN
Hör zu und lies. Was für ein Text ist das?

Was ist Glück?

a Glück ist rosarot.
Es schmeckt wie ein
Erdbeereis mit Sahne.
Und riecht wie frische
Erdbeermarmelade.

**(Daniela, 3. Klasse der
Grundschule Grafendorf)**

b Was macht mich glücklich? Ich bin glücklich wenn die Sonne scheint, wenn ich mit Freunden zusammen bin, wenn ich in den Urlaub fahre … Und du?

e „Das Glück ist ein Wie, kein Was; ein Talent, kein Objekt."
**(Hermann Hesse
1877–1962)**

c Glück ist lernbar! Es ist offiziell. Man kann sich das Glück selbst schaffen.

f

Du bist mein Glück, groß wie ein Planet
Du bist die Sonne, die niemals untergeht
Du bist mein Mond, der meine Nacht erhellt
Du bist mein Stern, der nie vom Himmel fällt

d Erinnerung
Willst du immer weiter schweifen?
Sieh, das Gute liegt so nah.
Lerne nur das Glück ergreifen,
Denn das Glück ist immer da.
**(Johann Wolfgang von Goethe
1749–1832)**

schaffen = to create
weiter schweifen = to roam further
ergreifen = to grasp
der Spruch = saying

| 1 Blogchat | 2 Kindergedicht | 3 Songtext | 4 Zeitungsartikel | 5 Gedicht | 6 Spruch |

2 LESEN

Lies die Texte noch mal. Welcher Text ist das?

1 Das Glück ist eine Person.
2 Das Glück kann man essen.
3 Glück ist, wenn man mit Freunden zusammen ist.
4 Glück kann man lernen.
5 Das Glück ist immer in der Nähe.
6 Das Glück ist gutes Wetter.

3 LESEN

Verbinde die Glücksfaktoren (a–i) mit den englischen Definitionen.
Beispiel: **1** h

1 intelligence
2 age
3 religion
4 ambitions
5 friendship
6 money
7 marriage/partnership
8 appearance
9 charity

a Geld
b Religion
c Ehe/Partnerschaft
d Alter
e Wohltätigkeit
f Ambitionen
g Freundschaft
h Intelligenz
i Aussehen

4 Lies den Artikel. Verbinde die Sätze (1–9) mit den Glücksfaktoren aus Aufgabe 3 (a–i).
Beispiel: **1** g

Aber was ist Glück?
Und was macht glücklich?

Glücksforscher denken, dass sie bestimmte Faktoren identifiziert haben, die glücklich (und auch unglücklich) machen.

1 Freunde sind sehr wichtig und machen glücklich.

2 Ältere Menschen sind glücklicher als jüngere Menschen, wenn sie gesund bleiben.

3 Ein höheres Einkommen macht glücklicher, aber nur bis zu einem bestimmten Punkt.

4 Alle möchten den richtigen Lebenspartner/die richtige Lebenspartnerin finden. Warum? Heiraten bringt Sicherheit und macht glücklich.

5 Ambitionen können positiv und auch negativ sein. Wenn Erwartungen zu hoch sind, wird man oft unglücklich.

6 Der Glaube an Gott oder ein alternatives Glaubenssystem bringt Sicherheit.

7 Man denkt, gutes Aussehen macht glücklich ... nicht immer! Der Vergleich mit Filmstars und Fotomodellen macht unglücklich, weil er unrealistisch ist.

8 Wenn man anderen Menschen hilft, wird man glücklicher.

9 Ein hoher IQ macht nicht glücklich! Man sollte aber alle seine Talente nutzen, weil sie glücklich machen.

Be prepared to tackle questions in a reading task out of sequence. In exercise 4, try texts 1, 6 and 9 first. The familiar vocabulary and cognates help. Texts 2, 4, 5 and 7 contain words that are the same as or similar to their matching factor in the diamond ranking. Texts 3 and 8 are trickier, but use your reading strategies to decode the unfamiliar words.

5 Lies den Artikel noch mal. Wie heißt das auf Deutsch?
Beispiel: **1** bestimmt(e/en)

1 particular/specific
2 very important
3 healthy
4 income
5 getting married
6 security
7 expectations
8 belief system
9 comparison
10 does (not) make you happy

6 Hör zu. Was ist das Wichtigste? Organisiere die neun Faktoren. Zeichne ein rautenförmiges Ranking und füll es auf Deutsch aus.

What is most important? Organise the nine factors. Draw a diamond ranking and complete it in German.

7 Was ist dir wichtig? Schreib deine eigene Liste. Schreib einen kurzen Text dazu.

Das Wichtigste ist ..., weil ...
Auch wichtig ist/sind ..., weil ...
Mir ist/sind ... auch wichtig, weil ...
Genauso wichtig ist/sind ..., weil ...
Nicht so wichtig ist/sind ..., weil ...
Gar nicht wichtig ist ..., weil ...

Try to use a wide range of vocabulary and grammar, including:
• past and future tenses
• modal verbs
• a range of time phrases.

Listening exercise 6 contains examples of all of these. Listen again to see if you can spot them.

I can...

1

● say what the age limits are in different countries	In Deutschland darf man ab 16 Jahren mit Einwilligung der Eltern ein Piercing haben.
● compare age limits and give my opinion	Man darf ab 14 Jahren in Deutschland ohne Eltern in Urlaub fahren. In England gibt es keine Altersgrenze und das ist viel besser!
■ use **wenn** with correct word order	**Wenn** man in England wohnt, darf man ab 12 Jahren Paintball spielen.
⫽ prepare for listening exercises by anticipating what I will hear	

2

● identify what makes life best in different countries	Neuseeland ist das gesündeste Land.
● discuss what is important for individuals	Was ist dir wichtig? Meine Freunde sind mir wichtig.
■ use the superlative to compare life in different countries	Amerika ist das reichste Land, aber die Schweiz ist das glücklichste Land.
■ give extended reasons, using **weil** in compound clauses	Sport ist mir sehr wichtig, **weil** ich fit bleiben will.

3

● compare life now and in the past	Wir haben ein neues Leben in Australien angefangen. Früher haben wir in England gewohnt.
■ use a range of verbs in present, past and future tenses	Ich habe früher viel Zeit mit meinem Onkel verbracht und jetzt vermisse ich ihn.
■ use correct **time–manner–place** word order with different tenses	Ich fahre jeden Tag mit dem Bus zur Schule. Früher bin ich jeden Tag zu Fuß zur Schule gegangen.

4

● discuss how to make the world a better place	Um eine bessere Welt zu haben, kann man ein Kind oder ein Tier sponsern.
● talk about what I have done and will do to raise money for charity	Wir haben ein Benefizquiz organisiert. Wir möchten ein gesponsertes Schweigen organisieren.
■ link reasons to actions, using **um ... zu** clauses	Wir haben einen Kuchenverkauf organisiert, **um** Spenden **zu** sammeln.

5

⫽ use my knowledge of key sounds to transcribe language accurately	Mann kann umweltfreundliches Papier kaufen.
⫽ express my ideas more fully, using longer, more complex sentences	Um die Welt zu verbessern, kann man mit dem Rad zur Schule fahren.
⫽ agree and disagree with other people's ideas and opinions	Ich bin ganz deiner Meinung! Nein, das ist nicht so einfach.

6

⫽ tackle comprehension questions out of sequence using elimination to complete a challenging reading task	

1 Ellis und ihre Familie haben ein neues Leben angefangen. Hör zu. Schreib die Tabelle ab und mach Notizen auf Englisch.

	now	previously
country	(1) Switzerland	(1)
opinion	(3)	(2)
age limits	(1)	(1)
school	(1)	(2)
home	(2)	(2)
overall opinion	(2)	(1)
future plan	(1)	

2 Partnerarbeit. Sieh dir die Bilder an und mach Dialoge.

Beispiel:

- *Was ist dir wichtig?*
- *Mein Computer ist mir wichtig.*
- *Warum?*
- *Weil ich alles darauf machen kann. Ich kann Musik herunterladen, Infos für die Schule suchen, …*

> Try to express yourself fully. Give details and examples to extend your reasons and try to ask additional follow-up questions to keep the conversation going.

3 Lies den Brief. Welches Wort fehlt? Füll die Lücken aus.

Wir haben vor Kurzem einen Artikel über das **1** Glück in der Schule gelesen. Die Experten meinen, Menschen sind glücklicher, wenn sie etwas für andere **2** .... machen.

Also werden wir ein **3** .... in Ecuador sponsern. Meine Freunde und ich haben einen **4** .... „Eine bessere Welt" organisiert, um Spenden zu **5** .... Wir haben Autos **6** .... und einen **7** .... organisiert. Insgesamt haben wir 130 Euro **8** .... Um das Kind in Ecuador für ein **9** .... zu sponsern, müssen wir aber 240 Euro haben. Also brauchen wir andere **10** ....

Kannst du mir helfen? Hast du schon in der Schule Spenden gesammelt? Was hast du gemacht? Wie viel hast du gesammelt? Warum hast du das gemacht? Um ein Kind zu sponsern?

Schreib bald wieder.

LG

Andreas

meinen = to think

insgesamt = in total

Projekttag	Jahr
sammeln	gesammelt
Kuchenverkauf	~~Glück~~
gewaschen	Kind
Menschen	Ideen

> Don't forget to include one or two references to the future; for variety, say what you will or would do:
>
> *Wir würden gern ein Benefizquiz organisieren, aber wir haben das noch nicht gemacht.*
>
> We would like to organise a charity quiz but we have not yet done that.

4 Schreib eine Antwort an Andreas. Beantworte seine Fragen. Schreib 80–100 Wörter.

Grammatik

Comparatives and superlatives

Use the **comparative** form of an adjective to say something is **more** or **less** ... than something else.

To make comparisons, add **–er** to the adjective:

klein → *kleiner*   small → smaller   *modern* → *moderner*   modern → more modern

Use **als** for comparing two things: *Japan ist sicherer* **als** *Amerika.*   Japan is safer than America.

The **superlative** form of an adjective describes **the most** or **the least** ... something.
Form the superlative by adding **–ste** or **–este** to an adjective:

Japan ist **das sicherste** *Land.*   Japan is the safest country.

Some German adjectives also add an umlaut in the comparative and superlative forms:

Adjective	Comparative	Superlative
groß (big)	*größer (bigger)*	*der / die / das größte ... (the biggest ...)*
lang (long)	*länger (longer)*	*der / die / das längste ... (the longest ...)*

Some common adjectives have **irregular** comparative and superlative forms:

Adjective	Comparative	Superlative
gut (good)	*besser (better)*	*der / die / das beste ... (the best ...)*
hoch (high)	*höher (higher)*	*der / die / das höchste ... (the highest ...)*

1 Write sentences comparing the three items, using the adjective given.

Example: **1** Biologie ist schwierig. Chemie ist schwieriger als Biologie. Physik ist das schwierigste Fach.

1 Biologie – Chemie – Physik (schwierig – das Fach)
2 Kangchendzönga – K2 – Mount Everest (hoch – der Berg)
3 Island – Norwegen – die Schweiz (glücklich – das Land)
4 der Jangtsekiang – der Amazonas – der Nil (lang – der Fluss)
5 der Sudan – Ägypten – Arizona in Amerika (sonnig – der Ort)

Time – manner – place

When a sentence has information about **time** (*wann?*), **manner** (*wie?*) and **place** (*wo?*), it goes in this order:

Time   **Manner**   **Place**

Ich darf **bis 24 Uhr** *mit meinen Freunden in Discos bleiben.*   I am allowed to be with my friends in discos until midnight.

If a sentence has only two details, e.g. time and place or manner and place, the order is still followed:

Wir haben **letztes Jahr in Australien** *ein neues Leben angefangen.*

2 Translate these sentences into German, using the correct word order.

1 You are allowed to go into town tonight with your friends.
2 I would like to go to university next year.
3 I went to school by bus every day.
4 She wants to work in Austria in the summer.
5 Later I would like to travel to Africa with my friends.

Word order with conjunctions: *wenn* **and** *weil*

Wenn ('when', 'whenever', or 'if') and **weil** ('because') are conjunctions that send the verb to the end of the sentence or clause.

When there are two verbs, the verb that matches the subject is always in the final position:

Ich höre gern Musik. Ich will chillen. ➔ *Ich höre gern Musik,* **wenn ich** *chillen* **will***.*
I like listening to music when I want to relax.

Mein Handy ist mir wichtig. Ich kann im Internet surfen. ➔ *Mein Handy ist mir wichtig,* **weil ich** *im Internet surfen* **kann***.*
My mobile is important to me because I can surf on the internet.

3 Rewrite each pair of sentences as one sentence. Choose the most appropriate conjunction (**weil** or **wenn**) to join the sentences.
Example: 1 Ich fahre mit dem Rad zur Schule, wenn ich genug Zeit habe.

1 Ich fahre mit dem Rad zur Schule. Ich habe genug Zeit.
2 Ich dusche. Es spart Wasser und Energie.
3 Ich werde mich tätowieren lassen. Ich bin älter.
4 Sie hat einen Teilzeitjob. Sie will Erfahrung bekommen.
5 Mode ist mir sehr wichtig. Ich möchte gut aussehen.
6 Wir möchten ein Tier sponsern. Wir sammeln genug Spenden.
7 Wir kaufen Öko-Produkte. Wir möchten in einer fairen Welt leben.
8 Ich werde auf die Uni gehen. Meine Noten sind gut.

um … zu

Um … zu (in order to) is used with an infinitive, which goes at the end of the sentence.
There is usually a comma before **um**.

Man kann ein Konzert organisieren, **um** *Spenden* **zu** *sammeln.*
You can organise a concert (in order) to raise money.

You can often use **um … zu** instead of **weil** to give a justification or reason:

Ich mache das Licht aus, **weil** *es Energie spart.*   I switch the light off because it saves energy.
Ich mache das Licht aus, **um** *Energie* **zu** *sparen.*   I switch the light off (in order) to save energy.

4 Rewrite each pair of sentences as one sentence. Use *um … zu* to join the sentences.
Then translate them into English.
Example: 1 Ich dusche, um Wasser und Energie zu sparen.   I have a shower (in order) to save water and energy.

1 Ich dusche. Es spart Wasser und Energie.
2 Sie arbeitet in einem Café. Sie bekommt Erfahrung.
3 Er trägt bunte Farben. Es macht Leute glücklich.
4 Wir kaufen das Obst und Gemüse der Saison. Es reduziert die Transportkosten.
5 Ich fahre mit dem Rad zur Schule. Es verbessert die Welt.
6 Sie möchte eine Talentshow organisieren. Sie sammelt Spenden.
7 Ich werde Spanisch lernen. Ich komme in Kontakt mit Menschen aus Spanien.
8 Er hat den Müll sortiert. Er recycelt Materialien wie Papier.

Wörter

Ab wie viel Jahren darf man das?
• From what age are you allowed to do that?

Ab ... Jahren darf man ...	From ... you are allowed to ...
Paintball spielen	go paintballing
einen Teilzeitjob haben	have a part-time job
einen Lottoschein kaufen	buy a lottery ticket
den Namen ändern	change your name
die Schule verlassen	leave school
ein Piercing haben	have a piercing
ein Haustier kaufen	buy a pet
ein Mofa fahren	ride a moped
ein Kind adoptieren	adopt a child
bis 24 Uhr in Discos oder Clubs bleiben	be out at a disco or club until midnight
Blut spenden	give blood
ohne Eltern in den Urlaub fahren	go on holiday without your parents
sich tätowieren lassen	have a tattoo
heiraten	get married
mit Einwilligung der Eltern	with parental consent
ohne Einwilligung der Eltern	without parental consent
Es gibt keine Altersgrenze.	There is no age limit.

Welches ist das glücklichste Land?
• Which is the happiest country?

das glücklichste Land	the happiest country
das reichste Land	the richest country
das sicherste Land	the safest country
das gesündeste Land	the healthiest country
... hat den besten Lebensstandard.	... has the best quality of life.

Was ist dir wichtig?
• What is important to you?

... ist mir das Wichtigste.	... is the most important thing to me.
... ist mir wichtig.	... is important to me.
gute Noten	good grades
mein Hund	my dog
Schokolade	chocolate
ausschlafen	to lie in
... ist mir wichtig, weil ...	... is important to me because ...
ich alles darauf machen kann	I can do everything on it
ich Arzt werden möchte	I want to become a doctor
sie mich glücklich macht	it makes me happy
es Spaß macht	it's fun
ich fit bleiben will	I want to stay fit
er mein bester Freund ist	he's my best friend
Meine Freunde sind mir das Wichtigste.	My friends are the most important thing to me.
Meine Freunde sind mir wichtig.	My friends are important to me.
die Sicherheit	security/safety
die Gesundheit	health
die Bildung	education
die Umwelt	the environment
das Einkommen	income
mein Computer	my computer
meine Familie	my family
mein Handy	my mobile phone
mein Job	my job
Geld	money
Musik	music
Sport	sport

Ein neues Leben • A new life

Ich habe ein neues Leben angefangen.	*I have started a new life.*
Mein Haus hier ist …	*My house here is …*
Mein Haus in … war …	*My house in … was …*
Die Schule hier finde ich …	*I find the school here …*
Die Schule in … war …	*The school in … was …*
Früher habe ich viel Zeit mit (meiner Großmutter) verbracht.	*Before, I spent a lot of time with (my grandmother).*
Jetzt vermisse ich (meine Großmutter) sehr.	*Now, I miss (my grandmother) very much.*
Ich musste früher (zu Fuß) zur Schule gehen.	*Before, I had to go to school (by foot).*
Jetzt fahre ich (mit dem Bus) zur Schule.	*Now, I go to school (by bus).*
… ist mir wichtig.	*… is important to me.*
Hier ist jeden Tag (sonnig und heiß).	*Here, every day is (sunny and hot).*
Früher war es oft …	*Before, it was often …*
Nächste Woche werde ich …	*Next week, I will …*

Oft benutzte Wörter • High-frequency words

jetzt	*now*
früher	*previously*
besser	*better*
jung	*young*
alt	*old*
vor Kurzem, neulich	*recently*
insgesamt	*in total*

Eine bessere Welt • A better world

Um die Welt zu verbessern, kann man …	*To make the world a better place, you can …*
ein Kind oder ein Tier sponsern	*sponsor a child or an animal*
Energie und Wasser sparen	*save energy and water*
Öko-Produkte kaufen	*buy eco-friendly products*
ehrenamtlich arbeiten	*work as a volunteer*
Spenden sammeln	*collect donations*
Briefe an die Regierung schreiben	*write letters to the government*
den Müll sortieren	*sort the rubbish*
duschen statt baden	*take a shower instead of a bath*
bunte Farben tragen	*wear colourful clothes*
das Obst und Gemüse der Saison kaufen	*buy seasonal fruit and vegetables*
Elektrogeräte ausmachen	*switch off electrical appliances*
Obst und Gemüse selbst kultivieren	*grow your own fruit and vegetables*
eine Fremdsprache lernen	*learn a foreign language*
alte Batterien und Handys sammeln	*collect old batteries and mobile phones*
weniger fernsehen	*watch less TV*
umweltfreundliches Papier kaufen	*buy recycled paper*
Um Spenden zu sammeln, kann man …	*To collect donations, you can …*
Autos waschen	*wash cars*
einen Kuchenverkauf organisieren	*organise a cake sale*
eine Modenschau machen	*put on a fashion show*
ein gesponsertes Schweigen machen	*do a sponsored silence*
ein Benefizkonzert organisieren	*organise a charity concert*
an einem Benefizlauf teilnehmen	*take part in a charity run*

Rekorde

1 Gruppenarbeit. Lang, länger, der/die/das längste … ! Sieh dir die Bilder an und vergleiche sie. Was ist die richtige Reihenfolge?

Beispiel: **1**

lang	hoch
jung	dünn
klein	schwer

● *Die Karotte ist lang, aber die Schlange ist länger als die Karotte.*

■ *Ja, du hast Recht. Ich denke, die Schlange ist auch länger als das Auto.*

◆ *Also, du denkst die Schlange ist das längste Objekt?*

● *Nein, quatsch! Das Auto ist das längste Objekt!*

◆ *Ja, ich denke auch. Das Auto ist das längste Objekt.*

das Objekt

1

die Karotte die Schlange das Auto

das Kind

2

Benjamin Max Klara

der Hund

3

der Chihuahua der Affenpinscher der King Charles Spaniel

das Gebäude

4

der Burj Khalifa der CN Tower das Empire State Building

das Gadget

5

7,6 mm 18 mm 25,2 mm

das Landtier

6

die Giraffe der afrikanische Elefant der Ochse

2 Hör zu und überprüfe. Notiere weitere Details auf Deutsch. (1–6)

1	Die Karotte – lang 6 Meter	Die Schlange – länger …	Das Auto – das längste Objekt …

 Schwer ('heavy') is regular in its comparative and superlative forms.

Hoch ('high') is irregular: **hoch ➜ höher ➜ der/die/das höchste …**

3 Lies die Texte. Wie heißt das auf Deutsch?

Bei diesem Rekord geht es um eine Person. Johanna Quaas ist Deutschlands fitteste Oma. Mit 88 Jahren ist sie die älteste Turnerin der Welt und steht im „Guinness-Buch der Rekorde". Die aktive Gymnastin hat ein großes Medieninteresse ausgelöst. Ihr Video auf YouTube hat weit über fünf Millionen Video-Aufrufe gehabt. Quaas sagt, „Ich möchte für andere ein Vorbild sein."

Hier ist das kleinste Haus in Österreich. Die Seiten sind nur 2,6 Meter lang, aber der Wohnwürfel hat alles. Man muss abends nur den Wohnraum ein bisschen umbauen, um ihn zum Schlafzimmer zu machen. Das Minihaus kostet 30.000 Euro.

Vier junge Trommler aus Osttirol haben das größte Schlagzeug der Welt gebaut. Die Fußtrommel ist über 6 Meter hoch und 8 Meter breit. Die vier Mitglieder der Band „Drumartic" waren im Halbfinale der TV-Show „Die große Chance", sind aber leider nicht ins Finale gekommen. „Das größte Schlagzeug der Welt" war ihre nächste Idee. Das Ziel für die Band: „Wir wollen mit unserem Schlagzeug natürlich in das Guinness-Buch der Rekorde."

1 this record is about
2 the oldest gymnast
3 video hits
4 the living cube
5 convert the living room
6 six metres high
7 eight metres wide
8 the goal

4 Lies die Texte noch mal. Beantworte die Fragen.

1 Wer kommt aus Deutschland?
2 Wer möchte in das „Guinness-Buch der Rekorde" kommen?
3 Wer hat schon bei einem Wettbewerb im Fernsehen teilgenommen?

4 Was ist größer, das Haus oder das Schlagzeug?
5 Wer ist auf YouTube schon bekannt?
6 Wer steht schon im „Guinness-Buch der Rekorde"?

5 Beschreib drei Rekorde. Such Infos im Internet.
Beispiel:

der längste Kuss

die größte Dosensammlung

der größte Mann

Schreib einen kurzen Text über jeden Rekord.
• Bei diesem Rekord geht es um eine Person/ ein Tier/ein Objekt/ein Event.
• Er/Sie/Es ist seit (2014) ...
• Er/Sie/Es hat ... (gemacht).
• Man kann (Fotos/ein Video) (im Internet) sehen.
• Ich finde diesen Rekord (toll), weil ...
• Ich denke, man wird den Rekord (nie/in der Zukunft) brechen.

Das „Guinness-Buch der Rekorde" ist seit 1955 die wichtigste Sammlung von Rekorden. Es gibt Rekorde aus vielen Kategorien, zum Beispiel:

• Natur   • Der menschliche Körper   • Kunst und Medien   • Gesellschaft und Politik   • Sport und Spiele

Ländersteckbriefe

➤ Exploring countries in detail
➤ Creating your perfect country

1 Lies die Texte. Schreib die Tabelle ab und füll sie auf Englisch aus.

1 ANDORRA

Andorra ist ein kleines Land in Südwesteuropa. Es hat zwei Nachbarländer: Frankreich und Spanien. 82.000 Menschen wohnen in Andorra, 22.500 von ihnen in der Hauptstadt, Andorra la Vella.

Katalanisch ist die Amtssprache. Viele Leute sprechen dort auch Spanisch, Portugiesisch und Französisch.

Die Menschen in Andorra haben die höchste Lebenserwartung der Welt: 87 Jahre für Frauen, 81 Jahre für Männer. Die Bevölkerung wird daher immer älter: 71,4 Prozent sind 15 bis 64 Jahre alt und 13 Prozent sind 65 und älter.

Andorra liegt in den Pyrenäen und hat ein typisches Bergklima: warme Sommer und kalte Winter mit viel Schnee. Andorra ist für Wintersportler sehr beliebt.

2 NAMIBIA

Namibia liegt in Südwestafrika und grenzt an vier Länder: Angola, Botswana, Südafrika und Sambia. Die Hauptstadt heißt Windhoek. Nambia hat knapp über zwei Millionen Einwohner.

Die Amtssprache ist Englisch, aber man spricht auch Afrikaans, Oshivambo, Otjiherero, Nama, Damara und Deutsch.

Die Menschen in Nambia haben eine durchschnittliche Lebenserwartung von 64 Jahren.

Namibia ist ein sonniges Land mit durchschnittlich 300 Sonnentagen pro Jahr. Die Temperaturen sinken auch im Winter nicht oft unter 20 Grad. Daher ist die Landschaft ziemlich trocken, besonders in der Namib-Wüste.

Namibia ist eine stabile Demokratie. Leider lebt ungefähr die Hälfte der Einwohner unter der internationalen Armutsgrenze.

---

die Amtssprache = official language   **durchschnittlich** = (on) average

die Lebenserwartung = life expectancy   **die Armutsgrenze** = poverty line

---

	continent	bordering countries	population	capital	languages	life expectancy	climate	landscape	pros and cons
1	Europe								
2									

2 Hör zu. Beantworte die Fragen auf Deutsch.

1 Wie heißt das Land?
2 Wo liegt das Land?
3 Welche Nachbarländer hat es? (3 Details)
4 Wie viele Einwohner hat das Land?
5 Was ist die Hauptstadt?

6 Welche Sprache spricht man dort?
7 Was ist die Lebenserwartung?
8 Wie ist die Landschaft? (3 Details)
9 Was ist ein positiver Aspekt des Lebens dort?
10 Wie ist das Klima?

3 Partnerarbeit. Sieh dir die Bilder an. Wähl ein Land aus. Mach Dialoge. Benutze die Fragen aus Aufgabe 2.

① Spanien   **② Deutschland**

Kontinent: Europa

Lebenserwartung:
85 Jahre / 79 Jahre

Hauptstadt: Madrid

Einwohner:
47.000.000

Sprachen:

Spanisch,
Katalanisch

Landschaft:
bergig, Küsten

ein relaxter
Lebensstil

Klima:
heiße Sommer, kalte Winter

Kontinent: Europa

Lebenserwartung:
82 Jahre / 78 Jahre

Hauptstadt: Berlin

Einwohner:
81.000.000

Sprachen:

Deutsch

Landschaft: im Norden
flach, im Süden bergig

ein reiches Land

Klima:
warm, regnerisch

4 Gruppenarbeit. Du gewinnst eine Insel. Erfinde dein perfektes Land. Mach eine Präsentation.

Die Insel heißt … und ist …
Sie hat … Nachbarländer: …
Die Lebenserwartung ist …
Es gibt viele Landschaften dort: (Küste/tropischen Regenwald/Wüste/Berge)
Die Insel hat (viele Flüsse/kleine Seen/fantastische Tiere).
Sie hat ein (sonniges/warmes/tropisches) Klima.
Wenn man hier wohnt, darf man …
Man darf aber nicht …, weil …
Man muss (jeden Tag/einmal pro Woche) …, weil …
Das Wichtigste auf der Insel ist (Freundschaft/Geld), weil …
… ist/sind auch wichtig, weil …
… ist/sind nicht so wichtig, weil …
Um das Leben hier zu verbessern, werden wir …
Letztes Jahr haben wir …, um … zu …, und das war toll!

Include a variety of structures and vocabulary in your presentation and be ready to respond to the questions you might be asked. Predict what these could be.

5 Gruppenarbeit. Gib eine Präsentation über dein Land. Die Klasse stellt Fragen aus Aufgabe 2. Dann tauscht die Rollen.

1

EXTRA A

 1 Schreib die Charaktereigenschaften richtig auf. Wie heißt das auf Englisch?

Beispiel: **1** begabt – talented

famous	rich
selfless	self-confident
generous	successful
modest	talented

1 bagbet   **2** cheri   **3** echorefgirl   **4** blessbuststew

5 slobselst   **6** gogrüßgiz   **7** endisbeech   **8** hümbert

 2 Finde die Paare. Vorsicht! Drei Bilder haben keinen Text.

Beispiel: **1** c, ...

    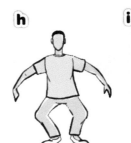 

1 Steh auf!

2 Beug die Knie!

3 Streck die Arme und den Rücken nach links!

4 Lauf rückwärts!

5 Leg dich auf den Rücken!

6 Heb langsam die Beine!

 3 Schreib Imperativ–Sätze für die drei übrigen Bilder aus Aufgabe 2.

 4 Was hast du gemacht? Sieh dir die Bilder an und schreib sechs Sätze.

Beispiel: **1** Ich bin ins Krankenhaus gekommen.

> Look at Unit 4 (page 14) for extra help with using **brechen** and **verletzen** correctly to say what you have broken or hurt.

Ich habe ...   Ich bin ...

brechen   fallen   kommen   haben   verbringen   verletzen

Vorbilder

1

Finde die Paare. Wie sagt man das auf Englisch?

Beispiel: **1** f

 1 **2** **3** **4** **5** **6**  **7**  **8**

a von Kopf bis Fuß
b Ich hab' die Nase voll!
c Hände hoch, du Schurke!
d Schulter an Schulter

e Augen zu!
f Daumen hoch!
g Drück die Daumen!
h Hals- und Beinbruch!

> Use the context to try to work out the meaning of the new vocabulary, e.g. *Daumen* and *Hals*.

2

Schreib diese Sätze im Perfekt auf.

1 Ich fahre nach Südafrika.
2 Mein Opa hat ein hartes Leben.
3 Er geht zu Fuß zur Schule.
4 Mein Bruder gewinnt viele Medaillen.
5 Mein Vorbild macht viel Gutes in der Welt.
6 Ich arbeite hart und verdiene viel Geld.

> Be careful to choose the correct auxiliary (*haben* or *sein*) and remember to check the past participles.

3

Lies den Text und füll die Lücken aus.

Mein dreißigjähriger **1** _____ inspiriert mich. Er hat als Teenager einen Motorradunfall **2** _____ – er hat sich den **3** _____ gebrochen und er kann seine Beine mehr nicht **4** _____ . Aber das ist kein Handicap! Er kommt überall mit dem Rollstuhl hin und er hat **5** _____ im Rollstuhlbasketball gewonnen. Ich will behinderten Menschen wie meinem Onkel helfen. Ich werde **6** _____ studieren und auch Sport **7** _____ und dann werde ich in fünf **8** _____ Physiotherapeut sein.

bewegen   fleißig   gehabt   Jahren   Medaillen   Onkel   Rücken   machen

> **bewegen**
> = to move
> **hinkommen**
> = to get around

4

Lies den Text noch mal. Wie heißt das auf Deutsch?

1 thirty-year-old
2 motorbike (*das*)
3 everywhere
4 disabled people

> When there are compound nouns in a text, break them down and think literally about what they could mean, e.g.
> *Roll | stuhl* = 'rolling chair' = wheelchair

5

Schreib über deine Pläne für die Zukunft.

• Was wirst du nächstes Jahr machen? (Warum?)
• Und in fünf Jahren? (Warum?)
• Und in zehn Jahren? (Warum?)
• Was wirst du nicht machen? (Warum nicht?)
• Hast du ein Vorbild? Was hat er/sie gemacht? Wirst du das auch machen?

Gib Gründe an! (weil ...)
Schreib auch deine Meinung! (das wird toll/furchtbar sein)

2 EXTRA A

1 Wer spielt welches Instrument? Schreib Sätze.
Beispiel: **1** Johnny Depp spielt Gitarre.

Johnny Depp   Roger Federer   Meryl Streep   Julia Roberts und Jim Carrey   Scarlett Johansson

2 Lies die Fragen und die Antworten. Welche Antwort passt?
Beispiel: **1** b

1 Was für Musik hörst du gern?	**a** Ich spiele gern Jazzmusik. **b** Am liebsten höre ich Popmusik.
2 Bist du musikalisch?	**a** Nein, sie ist nicht musikalisch. **b** Ja und Musik ist mein Lieblingsfach in der Schule.
3 Spielst du ein Instrument?	**a** Ja, Geige und Schlagzeug. **b** Ja, er spielt Klavier.
4 Hast du eine Lieblingsband?	**a** Es gibt fünf Personen in der Band. **b** Ja, sie heißt „Mond und Sterne".
5 Hast du schon eine Band live gesehen?	**a** Ja, ich bin letztes Jahr auf ein Festival gegangen. **b** Ja, ich habe gestern Abend einen Film gesehen.
6 Welches Instrument möchtest du lernen?	**a** Ich möchte Trompete lernen. **b** Ich habe früher Saxofon gelernt.

3 Sieh dir die falschen Antworten in Aufgabe 2 an. Schreib passende Fragen.
Beispiel: **1** a Ich spiele gern Jazzmusik. ➔ Was für Musik spielst du gern?

4 Du bist eine bekannte Person (aus Aufgabe 1 oder eine andere). Beantworte die Fragen aus Aufgabe 2. Schreib das Interview auf.

- *(Johnny Depp), was für Musik hörst du gern?*
- *Am liebsten höre ich ... Ich höre nicht gern ...*

Give full answers to the questions in exercise 2, giving at least one additional piece of information for each question. Remember that not all the information needs to be true!

1 Lies das Lied und sieh dir die Bilder für jede Strophe an (1–4). Was ist die richtige Reihenfolge?

Beispiel: **1** c, …

ICH LIEBE DEN FRÜHLING

1 Ich lieb' den Frühling,
Ich lieb' den Sonnenschein.
Wann wird es endlich
mal wieder Sommer sein?
Schnee, Eis und Kälte
müssen bald vergehen.
Dum da di da di, da di,
da di da di da di

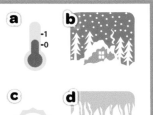

3 Ich lieb' die Herbstzeit,
stürmt's auf dem Stoppelfeld.
Drachen, die steigen,
hoch in das Himmelszelt.
Blätter, die fallen
von dem Baum herab.
Dum da di da di, da di,
da di da di da di

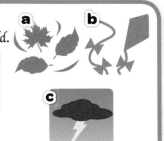

2 Ich lieb' den Sommer
Ich lieb' den Sand, das Meer,
Sandburgen bauen
und keinen Regen mehr.
Eis essen,
Sonnenschein,
so soll es immer sein.
Dum da di da di, da di,
da di da di da di

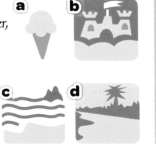

4 Ich lieb' den Winter,
wenn es dann endlich schneit,
hol' ich den Schlitten,
denn es ist Winterzeit.
Schneemann bauen,
Rodeln gehen,
ja, das find' ich schön.
Dum da di da di, da di,
da di da di da di

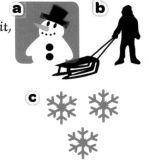

Volkslied (gleiche Melodie wie 'I like the flowers')

2 Lies das Lied noch mal und dann lies die Sätze 1–8. Wann ist das? Frühling, Sommer, Herbst oder Winter?

Beispiel: **1** Frühling und Sommer

1 Es ist sonnig. (2)
2 Es gibt Gewitter.
3 Man kann im Sand spielen.
4 Es ist nicht mehr so kalt.

5 Es ist windig.
6 Es regnet nicht.
7 Man spielt im Schnee.
8 Man kann Drachen steigen

das Gewitter = thunderstorm
Drachen steigen lassen = to fly a kite

3 Was ist deine Lieblingsjahreszeit? Warum? Schreib einen kurzen Text, ein Gedicht oder ein Lied.

- Welches Jahreszeit magst du? Warum?
- Was kann man dann machen?
- Was hast du früher zu dieser Jahreszeit gemacht?
- Was wirst du in der Zukunft zu dieser Jahreszeit machen?

Beispiel:

Meine Lieblingsjahreszeit ist (der Sommer), weil …
Im (Sommer) kann man … und auch …
Letzten (Sommer) habe ich/bin ich … Das war …
Nächsten (Sommer) werde ich …

Kulturzone

Die Weihnachtszeit ist eine Zeit für Musik. Man singt viele traditionelle Weihnachtslieder. „Stille Nacht" (1818) ist besonders bekannt und man hat dieses Lied in etwa 140 Sprachen übersetzt.

1 Schreib sechs Sätze mit denWörtern aus jedem Kasten.
Dann übersetze sie ins Englische.

1	2	3
Ich würde	nie	einen Job haben.
Er würde gern	vielleicht	als Bademeister(in) arbeiten.
Sie möchte	bestimmt	heiraten und Kinder haben.
Er kann	oft	berühmt sein.
Ich werde	nächstes Jahr	im Ausland leben.
Sie muss	später	Schauspieler(in) werden.

You don't have to start with the first column. Starting with a time expression (column 2) often sounds more natural in German.

Write at least three sentences from exercise 1 starting with a time expression. But remember to swap your verb and subject.

2 Lies die zwei Texte. Welche fünf Bilder passen zu jedem Text?
Achtung! Fünf Bilder bleiben übrig.

1 Tag! Ich heiße Manuel. Ich bin sehr abenteuerlich und ich interessiere mich für alle Extremsportarten. Ich würde gern einen Berg besteigen, ein Segelflugzeug fliegen und den Londoner Marathonlauf laufen. Wenn ich älter bin, möchte ich auch Fallschirm springen. Eine Sache, die ich nie machen würde? Extrembügeln! Das ist nichts für mich!

2 Hallo! Ich heiße Emma. Als Person bin ich ziemlich mutig und sportlich. Ich schwimme sehr gern und ich würde bestimmt mit Haifischen schwimmen. Ich würde auch einen Triathlon machen, oder andere Extremsportarten, wie Surfen, und vielleicht würde ich Schnecken, Würmer und Insekten essen! Aber ich würde nie durch eine Wüste joggen – viel zu heiß!

die Schnecke = snail

3 Schreib einen Text über die fünf Bilder, die aus Aufgabe 2 übrig sind.
Write a text about the five pictures which are left over in exercise 2.

Beispiel:

Hallo! Ich finde Extremsportarten toll …

Bungeespringen machen
= to do bungee jumping

Describe yourself, say which activities you would like to try, and something that you would never do! You can be as daring or as cowardly as you like.

1 Früher haben diese berühmten Schauspieler und Sänger andere Jobs gemacht!
Was haben sie über ihre Jobs und ihre Ambitionen gesagt?

Beispiel: **1** Tom Cruise: Ich arbeite als Zeitungsausträger, aber ich würde gern Schauspieler werden.

| **in einem Friseursalon** |
| = in a hairdresser's |

Tom Cruise   Jennifer Aniston   Beyoncé   Nicole Kidman

2 Lies die Texte. Schreib die Tabelle ab und füll sie auf Englisch für Martin und Mia aus.

	Martin	Mia
Current job		
Reason(s) for doing it		
Positive aspects		
Negative aspects		
Ambitions		

MARTIN Ich arbeite am Wochenende in einem Sportgeschäft, um Geld zu verdienen. Ich mag den Job, weil ich neue Freunde kennengelernt habe, aber ich habe am Wochenende sehr wenig Freizeit. Ich würde gern Skilehrer werden, aber zuerst muss ich studieren. Meine Eltern denken, ich sollte auf die Uni gehen, um Mathe zu studieren. Ich denke, sie haben recht. Mathe ist sehr nützlich, also ein Mathestudium ist meine andere Ambition.

MIA Diesen Sommer habe ich einen Job in der Schwimmhalle in meinem Dorf. Ich bin Bademeisterin und ich gebe auch zweimal pro Woche Schwimmunterricht. Ich arbeite, um meinen Lebenslauf zu verbessern. Ich möchte später Schwimmtrainerin für die Nationalmannschaft werden und als Bademeisterin habe ich gute Erfahrung bekommen. Ich habe auch andere Schwimmtrainer kennengelernt. Der Job ist nie langweilig, nur manchmal ein bisschen anstrengend, weil ich den ganzen Tag aktiv bin.

ich sollte = I ought to
sie haben recht = they are right
anstrengend = stressful/tiring

3 Sieh dir den Steckbrief an. Du bist Serena. Schreib einen Text. Benutze die Texte aus Aufgabe 2 als Hilfe.

Current job	Helferin in einem Tierpark
Reason(s) for doing it	um Erfahrung mit Tieren zu bekommen, um selbstständiger zu werden
Positive aspects	gut bezahlt
Negative aspects	anstrengend
Serena Ambitions	Tierärztin werden, in Afrika leben und arbeiten

1 Schreib die Sätze richtig auf, dann übersetze sie ins Englische.

Beispiel: **1** Sie war die Größte. – She was the tallest.

1 eSi wra edi tröGeß.

2 rE raw red steptorSlich.

3 eiS arw ide eLusteat.

4 Er rwa erd elÄtest.

5 Sei raw dei shesaMultisick.

6 rE awr dre fleetgUngepest.

2 Finde die Paare.

Beispiel: **1** d

1 Als ich sechs Jahre alt war,
2 Mein Lieblingskleidungsstück war
3 Ich hatte viele Puppen,
4 Ich hatte ein blaues Auto. Das war
5 Mit acht Jahren konnte
6 Mit zehn Jahren durfte ich
7 Ich musste mit fünf Jahren um
8 Als ich klein war, hatte

a alleine in die Schule gehen.
b mein Lieblingsspielzeug.
c ich kein Handy.
d hatte ich ein tolles Rad.
e als ich jünger war.
f sieben Uhr ins Bett gehen.
g meine rote Jacke.
h ich die Uhr lesen.

3 Übersetze die Sätze (Aufgabe 2) ins Englische.

Beispiel: **1** When I was six I had a great bike.

4 Schreib die Sätze mit den Verben im Imperfekt auf.

1 Schneewittchen _____ mit sieben Zwergen. (wohnen)

2 Rotkäppchen _____ ihre Oma besuchen. (müssen)

3 Aschenputtel _____ fleißig in der Küche. (arbeiten)

4 Die Müllerstochter _____ Stroh nicht zu Gold spinnen. (können)

5 Die Königin _____ dem Mädchen einen Apfel. (geben)

6 Der Prinz _____ die Tür und _____ Dornröschen. (öffnen, sehen)

> Look at Unit 4 (page 83) for help with forming the imperfect verb forms.

5 Stell dir vor, du bist eine Person aus einem Film. Schreib Sätze über deine (imaginäre) Kindheit.

Imagine you are a character from a film. Write about your (imaginary) childhood.

Jack Sparrow   Dumbledore   Bilbo Baggins

You could include:
Princess Fiona   Shrek
- your favourite things
- what you could do at certain ages   Bella (*Twilight*)
- what primary school was like
- how things are different now.

> Use some of the exercises on this page to help you. You can raise the level of your writing by joining sentences, using different tenses and giving opinions and reasons.

1 Lies das Märchen. Was ist die richtige Reihenfolge?

Beispiel: h, …

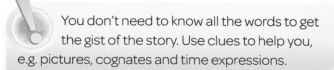
You don't need to know all the words to get the gist of the story. Use clues to help you, e.g. pictures, cognates and time expressions.

Die drei kleinen Schweinchen

Es waren einmal drei Schweine.

a das zweite Schwein baute sich ein Haus aus Holz

b Die zwei Schweine mussten zum dritten Schwein laufen.

c Dann sprang er auf das Dach – er wollte durch den Kamin ins Haus kommen, aber die drei Schweine hatten einen großen Topf auf dem Feuer

d Er ging zum Strohhaus. Er hustete und pustete und das Haus fiel um.

e und der Wolf fiel ins kochende Wasser.

f Dann kam der Wolf zum Holzhaus. Er hustete und pustete und das Haus fiel um.

g Ein böser Wolf kam zu den Häusern und wollte die Schweine fressen.

h Das erste Schwein baute sich ein Haus aus Stroh,

i Dann kam der Wolf zum Steinhaus.

j und das dritte Schwein baute sich ein Haus aus Steinen.

k Das erste Schwein lief sehr schnell zum Haus vom zweiten Schwein.

l Er hustete und pustete, er pustete und hustete, aber das Haus fiel nicht um.

Seit diesem Tag konnten die drei Schweine wieder in Ruhe leben.

der Topf = (cooking) pot

2 Lies das Märchen noch mal. Wie sagt man das auf Deutsch?

1 made of straw

2 made of wood

3 made of stones

4 he huffed

5 he puffed

6 the house fell down

7 the pig ran

8 onto the roof

9 through the chimney

10 into the boiling water

11 in peace

3 Beschreib deine Grundschule und vergleiche sie mit deiner Sekundarschule.

Beispiel: Meine Grundschule war prima …

Try to use a range of tenses and more complex sentences. Give reasons and opinions to make your writing more interesting.

Wie war die Grundschule?

Was hast du gemacht?

Was sind deine Erinnerungen?

Wie ist die Sekundarschule?

Was würdest du in deiner idealen Schule haben?

1 Lies den Text. Jetzt oder früher?

Beispiel: **1** früher

Hallo! Ich bin Linus. Ich komme aus Deutschland, aber meine Familie und ich haben letztes Jahr ein neues Leben in Neuseeland angefangen. Wir wohnen in Gisborne, einer kleinen Stadt an der Ostküste der Nordinsel. Es ist sehr sicher und ruhig hier.

Ich fahre überall mit dem Rad hin. Jeden Tag gehe ich nach der Schule zum Waikanae Strand, um zu surfen. Man kann hier auch schwimmen und angeln. Meine Eltern gehen gern wandern. Das haben wir früher nur in den Sommerferien gemacht.

Einige Sachen sind anders. Man darf erst ab 14 Jahren hier allein zu Hause sein und ich bin immer noch 13! Aber man darf schon ab 12 Jahren Paintball spielen.

Ich bin an meinem Geburtstag mit meinen Freunden nach Auckland gefahren, um Paintball zu spielen. Es war toll, weil meine alten Freunde in Deutschland das nicht machen dürfen. Hier in der Schule muss man eine Uniform tragen. Früher haben wir keine Uniform getragen. Wir haben hier auch mehr Hausaufgaben und ich finde den Englischunterricht schwierig!

Ich mag mein neues Leben, weil ich sehr gern am Strand wohne.

immer noch = still

1 in Deutschland wohnen
2 sicher und ruhig
3 Radfahren
4 surfen

5 im Sommer wandern
6 darf Paintball spielen
7 keine Uniform tragen
8 viele Hausaufgaben

2 Lies den Text noch mal. Beantworte die Fragen auf Deutsch.

1 Wo hat Linus früher gewohnt?
2 Wo wohnt er jetzt?
3 Was macht er jeden Tag?

4 Was hat er an seinem Geburtstag gemacht?
5 Was ist in der Schule in Neuseeland anders? (2 Details)
6 Warum mag er sein neues Leben?

3 Sieh dir die Altersgrenzen an und schreib Sätze.

Beispiel: **1** Wenn man in Neuseeland wohnt, darf man ab 14 Jahren babysitten. In Deutschland darf man ab 13 Jahren babysitten.

Altersgrenzen	Neuseeland	Deutschland
babysitten	14	13
allein zu Hause sein	14	keine Altersgrenze
Blut spenden	16	18
ein Auto fahren	17	17
Paintball spielen	12	18
heiraten (ohne Einwilligung der Eltern)	18	18

4 Du bist Alex. Benutze diese Notizen und den Text aus Aufgabe 1. Beschreib dein neues Leben.

- new life in Switzerland, used to live in Lima, Peru
- used to live in the city, now lives in a village in the mountains
- used to enjoy the beach life (surfing), now has mountain life (skiing)
- used to speak Spanish, now has to learn German
- weather was hot every day, now it's cold in winter

Alex

1 Sieh dir die Bilder und die Wörter an und schreib Sätze mit dem Superlativ.

Beispiel: **1** Das ist die älteste Frau der Welt.

1 die Frau – alt   **3** der Schlagzeuger – jung   **5** der Kuchen – groß

2 die Katze – klein   **4** der Bart – lang   **6** der Vogel – schnell

2 Lies Sophies Blog. Richtig oder falsch? Korrigiere die vier falschen Sätze.

Tag! Ich arbeite für Plan. Plan ist eine bekannte, internationale Kinderhilfsorganisation. Sie ist in Afrika, Asien und Lateinamerika aktiv, um dort ein besseres Leben für die Kinder zu machen. Sie organisiert viele Bildungs- und Gesundheitsprojekte. Warum? Alle Kinder sollten gesund, sicher und glücklich aufwachsen. Sie sollten nicht arbeiten. Sie sollten in die Schule gehen, um zu lernen. Sie sollten sauberes Wasser trinken und genug essen. Wenn sie krank sind, sollten sie Medizin bekommen.

Um Spenden für ihre Projekte zu sammeln, hat Plan ein

Patenschaftsmodell. Das heißt, Menschen in Deutschland sponsern ein Kind in Afrika oder Lateinamerika. Ich arbeite ehrenamtlich bei Plan in Deutschland, um Erfahrung zu bekommen. Ich unterstütze die Kommunikation zwischen Paten und Patenkindern. Zum Beispiel muss ich manchmal Briefe von Paten ins Englische übersetzen und die Antwort von den Patenkindern wieder ins Deutsche übersetzen. Ich informiere auch über Plan; ich verteile Flyer und ich beantworte Fragen.

Ich finde meine Arbeit toll. Nach der Uni würde ich gern für eine Hilfsorganisation arbeiten, wie Plan oder UNICEF.

sollten = should/ought   **unterstützen** = to assist/aid

das heißt = that means

1 Sophie arbeitet in Afrika.

2 Plan hilft Kindern in vielen Ländern.

3 Plan organisiert Arbeitsplätze für Kinder.

4 Plan interessiert sich für die Gesundheit und die Bildung von Kindern.

5 Sophie verdient kein Geld mit diesem Job.

6 Sophie übersetzt die Briefe von den Paten und Patenkindern.

7 Sophie schreibt Briefe, um neue Spenden zu gewinnen.

8 Sophie möchte nicht auf die Uni gehen.

3 Lies den Text noch mal. Wie heißt das auf Englisch?

1 die Kinderhilfsorganisation   **4** genug   **7** übersetzen

2 die Gesundheitsprojekte   **5** ein Patenschaftsmodell   **8** verteile

3 aufwachsen   **6** unterstütze

4 Beantworte die Fragen in ganzen Sätzen auf Deutsch.

1 Was macht die Organisation Plan?   **4** Warum arbeitet Sophie bei Plan?

2 Wo arbeitet Plan?   **5** Was möchte Sophie später machen?

3 Wie sammelt Plan Spenden für die Projekte?

Verbtabellen

Regular verbs

Infinitive	Present tense		Perfect tense	Future tense	Imperfect tense
wohnen to live	ich wohne du wohnst er/sie/es/man wohnt	wir wohnen ihr wohnt Sie wohnen sie wohnen	ich habe **ge**wohn**t**	ich werde wohnen	ich wohn**te**
arbeiten to work	ich arbeite du arbeit**est** er/sie/es/man arbeit**et**	wir arbeiten ihr arbeit**et** Sie arbeiten sie arbeiten	ich habe **ge**arbeite**t**	ich werde arbeiten	ich arbeit**ete**

Some regular verbs (like **arbeiten**) add an extra **e** to make them easier to say.

Key irregular verbs

Infinitive	Present tense		Perfect tense	Future tense	Imperfect tense
haben to have	ich habe du ha**st** er/sie/es/man ha**t**	wir haben ihr hab**t** Sie haben sie haben	ich habe **ge**hab**t**	ich werde haben	ich ha**tte**
sein to be	ich **bin** du **bist** er/sie/es/man **ist**	wir **sind** ihr **seid** Sie **sind** sie **sind**	ich **bin gewesen**	ich werde sein	ich **war**
geben to give	ich gebe du **gibst** er/sie/es/man **gibt**	wir geben ihr geb**t** Sie geben sie geben	ich habe **ge**geben	ich werde geben	ich **gab**
gehen to go (on foot)	ich gehe du geh**st** er/sie/es/man geh**t**	wir gehen ihr geh**t** Sie gehen sie gehen	ich **bin gegangen**	ich werde gehen	ich **ging**

Separable verbs

Infinitive	Present tense		Perfect tense	Future tense	Imperfect tense
fernsehen to watch TV	ich sehe … fern du **siehst** … fern er/sie/es/man **sieht** … fern	wir sehen … fern ihr seht … fern Sie sehen … fern sie sehen … fern	ich habe … fern**gesehen**	ich werde … fernsehen	ich **sah** … fern
aufstehen to get up, to stand up	ich stehe … auf du steh**st** … auf er/sie/es/man steh**t** … auf	wir stehen … auf ihr steht … auf Sie stehen … auf sie stehen … auf	ich **bin** … auf**gestanden**	ich werde … aufstehen	ich **stand** … auf

Reflexive verbs

Infinitive	Present tense		Perfect tense	Future tense	Imperfect tense
sich duschen to shower	ich dusche mich du dusch**st** dich er/sie/es/man dusch**t** sich	wir duschen uns ihr dusch**t** euch Sie duschen sich sie duschen sich	ich habe mich **ge**dusch**t**	ich werde mich duschen	ich dusch**te** mich

More irregular verbs

Infinitive	Present tense		Perfect tense	Future tense	Imperfect tense
beginnen to begin	ich beginne du beginnst er/sie/es/man beginnt	wir beginnen ihr beginnt Sie beginnen sie beginnen	ich habe **begonnen**	ich werde beginnen	ich **begann**
bleiben to stay	ich bleibe du bleibst er/sie/es/man bleibt	wir bleiben ihr bleibt Sie bleiben sie bleiben	ich **bin geblieben**	ich werde bleiben	ich **blieb**
essen to eat	ich esse du isst er/sie/es/man isst	wir essen ihr esst Sie essen sie essen	ich habe **gegessen**	ich werde essen	ich **aß**
fahren to go, to travel	ich fahre du fährst er/sie/es/man fährt	wir fahren ihr fahrt Sie fahren sie fahren	ich **bin gefahren**	ich werde fahren	ich **fuhr**
finden to find	ich finde du findest er/sie/es/man findet	wir finden ihr findet Sie finden sie finden	ich habe **gefunden**	ich werde finden	ich **fand**
kommen to come	ich komme du kommst er/sie/es/man kommt	wir kommen ihr kommt Sie kommen sie kommen	ich **bin gekommen**	ich werde kommen	ich **kam**
laufen to run, to walk	ich laufe du läufst er/sie/es/man läuft	wir laufen ihr lauft Sie laufen sie laufen	ich **bin gelaufen**	ich werde laufen	ich **lief**
lesen to read	ich lese du liest er/sie/es/man liest	wir lesen ihr lest Sie lesen sie lesen	ich habe **gelesen**	ich werde lesen	ich **las**
nehmen to take	ich nehme du nimmst er/sie/es/man nimmt	wir nehmen ihr nehmt Sie nehmen sie nehmen	ich habe **genommen**	ich werde nehmen	ich **nahm**
schlafen to sleep	ich schlafe du schläfst er/sie/es/man schläft	wir schlafen ihr schlaft Sie schlafen sie schlafen	ich habe **geschlafen**	ich werde schlafen	ich **schlief**
sehen to see	ich sehe du siehst er/sie/es/man sieht	wir sehen ihr seht Sie sehen sie sehen	ich habe **gesehen**	ich werde sehen	ich **sah**
springen to jump	ich springe du springst er/sie/es/man springt	wir springen ihr springt Sie springen sie springen	ich **bin gesprungen**	ich werde springen	ich **sprang**
tragen to wear, to carry	ich trage du trägst er/sie/es/man trägt	wir tragen ihr tragt Sie tragen sie tragen	ich habe **getragen**	ich werde tragen	ich **trug**
vergessen to forget	ich vergesse du vergisst er/sie/es/man vergisst	wir vergessen ihr vergesst Sie vergessen sie vergessen	ich habe **vergessen**	ich werde vergessen	ich **vergaß**

Verbtabellen

Modal verbs

Infinitive	Present tense		Imperfect tense		
dürfen to be allowed to	ich **darf** du **darfst** er/sie/es/man **darf**	wir **dürfen** ihr **dürft** Sie **dürfen** sie **dürfen**	ich **durfte** du **durftest** er/sie/es/man **durfte**	wir **durften** ihr **durftet** Sie **durften** sie **durften**	+ an infinitive (at the end of the sentence)
können to be able to, 'can'	ich **kann** du **kannst** er/sie/es/man **kann**	wir **können** ihr **könnt** Sie **können** sie **können**	ich **konnte** du **konntest** er/sie/es/man **konnte**	wir **konnten** ihr **konntet** Sie **konnten** sie **konnten**	
mögen to like	ich **mag** du **magst** er/sie/es/man **mag**	wir **mögen** ihr **mögt** Sie **mögen** sie **mögen**	ich **mochte** du **mochtest** er/sie/es/man **mochte**	wir **mochten** ihr **mochtet** Sie **mochten** sie **mochten**	
müssen to have to, 'must'	ich **muss** du **musst** er/sie/es/man **muss**	wir **müssen** ihr **müsst** Sie **müssen** sie **müssen**	ich **musste** du **musstest** er/sie/es/man **musste**	wir **mussten** ihr **musstet** Sie **mussten** sie **mussten**	
sollen to be supposed to	ich soll du sollst er/sie/es/man soll	wir sollen ihr sollt Sie sollen sie sollen	ich soll**te** du soll**test** er/sie/es/man soll**te**	wir soll**ten** ihr soll**tet** Sie soll**ten** sie soll**ten**	(These forms are also used in the present tense to mean 'should', 'ought to'.)
wollen to want to	ich **will** du **willst** er/sie/es/man **will**	wir wollen ihr wollt Sie wollen sie wollen	ich woll**te** du woll**test** er/sie/es/man woll**te**	wir woll**ten** ihr woll**tet** Sie woll**ten** sie woll**ten**	

The imperfect tense

Use the imperfect tense to say what happened in a story.

1 Regular verbs

Infinitive	Imperfect tense	
sagen to say	ich sag**te** du sag**test** er/sie/es/man sag**te**	wir sag**ten** ihr sag**tet** Sie sag**ten** sie sag**ten**
haben to have (slightly irregular)	ich hat**te** du hat**test** er/sie/es/man hat**te**	wir hat**ten** ihr hat**tet** Sie hat**ten** sie hat**ten**

Some regular verbs add an extra e to help pronunciation,
e.g. arbeiten ➜ ich arbeit**e**te;   öffnen ➜ sie öffn**e**te

2 Irregular verbs

Infinitive	Imperfect tense	
sein to be	ich war du war**st** er/sie/es/man war	wir war**en** ihr war**t** Sie war**en** sie war**en**
geben to give	ich gab du gab**st** er/sie/es/man gab	wir gab**en** ihr gab**t** Sie gab**en** sie gab**en**

See page 131 for the imperfect forms of more irregular verbs.

The future tense

Present tense of werden		+ an infinitive
ich werd**e** du **wirst** er/sie/es/man **wird**	wir werd**en** ihr werd**et** Sie werd**en** sie werd**en**	fahren spielen arbeiten etc.

Note: werden also means 'to become'.

The conditional

		+ an infinitive:
ich würd**e** du würd**est** er/sie/es/man würd**e**	wir würd**en** ihr würd**et** Sie würd**en** sie würd**en**	fahren spielen arbeiten, etc.

The imperative

Use the imperative to give instructions or directions.

Infinitive	Present tense	Imperative
gehen to go	du **geh**st	Geh!
	ihr **geht**	Geht!
	Sie gehen	Gehen Sie!
nehmen to take	du **nimm**st	Nimm!
	ihr **nehmt**	Nehmt!
	Sie nehmen	Nehmen Sie!

Strategien

Strategie 1
Partnerarbeit

Learning vocabulary with someone else helps you to concentrate for longer and makes it fun. Here are some activities to try with a partner:

- Play word association. Your partner says a word and you say a word that is related to it in some way. Be prepared to justify your thinking!
  - *Grundschule*
  - *Klassentier*
- Play hangman or pictionary with the words from the *Wörter* pages.
- Beginnings and endings. Your partner says a word and your next word must start with the final letter of his/her word. Make the longest chain of words you can!
  - *Musik*
  - *Kunst*
- Syllables. Say the first syllable of a word with two or more syllables. Your partner has to finish the word.
  - *wich ...*
  - *... tig*
- Tandem testing. Take a section of words from the *Wörter* pages and test your partner. Begin by testing German into English and then English into German.

Strategie 2
Complex sentences

Try to show as much as possible of the German that you know. Simple sentences in correct German are fine, but if you use more complex sentences it sounds more natural – and more impressive!

- Join shorter sentences together using *und* (and), *aber* (but) or *oder* (or).
- Add an opinion.
- Use *weil* (because) to give a reason – but remember the word order with this 'vile' word!
- Add qualifiers such as *sehr* (very), *zu* (too), *ziemlich* (fairly) and *gar nicht* (not at all).

Learn a few phrases that you can use in a variety of situations – time phrases are always useful.

Strategie 3
Kognaten und falsche Freunde

Cognates and near-cognates are words that are spelled the same or nearly the same as English words and have the same meaning in German. It is helpful to spot these as you can learn them quickly and easily.

Watch out for *falsche Freunde* ('false friends'). These are tricky words that look like cognates but have a different meaning. What does *spenden* actually mean?

Strategie 4
Improving your pronunciation

By now, you should have a good idea of how German words are pronounced, but it is always good to practise. The vowels often cause problems, especially when there are two together. Link the words to the key phonics sounds and say them out loud.

au – B*au*ch as in H*au*s
ei – G*ei*ge as in *Ei*s
ie – Br*ie*fe as in B*ie*ne

Sometimes it's hard to recognise that a word is actually made up of two or more words joined together. Each part of the word is said separately. For example, by themselves *Teil* means 'part', *Zeit* means 'time' and *Job* means 'job'. Join them together and you have *Teil|zeit|job* (part-time job) – written as one word, but sounded as three. You will recognise some parts of compound words, but with some new words you'll just have to listen carefully and imitate the pronunciation.

Strategie 5
Aktiv lernen – online!

Learning is about doing. Try to memorise vocabulary actively and creatively by using some of these ideas.

- Use an online app to record yourself saying the German words and their English meaning – use this to test yourself.
- Make some online flashcards and then play the games and activities created with them.
- Create word shapes with your vocabulary.

German key sounds

Sieh dir das Video auf ActiveTeach an. Hör zu und mach mit. (1–16)
Watch the video on ActiveTeach. Listen and join in.

If your teacher doesn't have ActiveTeach, listen to the audio and make up your own action for each word.

1. **J**o-**J**o
2. **V**ogel
3. **W**ild**w**assersport
4. **Z**ick**z**ack
5. H**au**s
6. Fr**eu**nd
7. **Ei**s
8. B**ie**ne
9. B**ä**r
10. L**ö**we
11. T**ü**r
12. M**äu**se
13. Bu**ch**
14. **Sch**lange
15. **Sp**itzbart
16. **St**erne

Active learning
Using multiple senses helps us to remember new words for longer. Use sight, sounds and physical actions to boost your memory skills.

Wortschatz (Deutsch–Englisch)

Using the *Wortschatz*

The German–English word lists on the following pages appear in three columns:

- The first column lists the German words in alphabetical order.
- The second column tells you what part of speech the word is (e.g verb, noun, etc.) in abbreviated form.
- The third column gives the English translation of the word in the first column.

Here is a key to the abbreviations in the second column:

adj	adjective
adv	adverb
conj	conjunction
exclam	exclamation
f	feminine noun
interrog	interrogative
m	masculine noun

(pl)	plural noun
npr	proper noun (names of individual people, places, etc.)
nt	neuter noun
pp	past participle
prep	preposition
pron	pronoun
v	verb

The names for the parts of the speech given here are those you are most likely to find in a dictionary. In *Stimmt!* we use different terms for two of these parts of speech. These are:

interrogative = question word

conjunction = connective

A

ab	prep	from
abenteuerlich	adj	adventurous
abenteuerlustig	adj	adventurous
Abenteurer(-)	m	adventurer
Abfahrt(-en)	f	departure
ablehnen	v	to oppose
abrasieren	v	to shave off
Achtung!	exclam	Watch out!
adoptieren	v	to adopt
adrenalinsüchtig	adj	adrenaline-addicted
aggressiv	adj	aggressive
Ahnung(-en)	f	idea
Album (Alben)	nt	album
allein	adj	alone
alpenländisch	adj	alpine
alternativ	adj	alternative
altmodisch	adj	out-dated
amputieren	v	to amputate
ängstlich	adj	fearful
ankommen	v	to arrive
Ankunft(¨e)	f	arrival

anrufen	v	to phone
Apfelbaum(¨e)	m	apple tree
Arbeiter(-)	m	worker
Architektur	f	architecture
arm	adj	poor
Arm(-e)	m	arm
arrogant	adj	arrogant
Artikel(-)	m	article
Arzt(¨e) / Ärztin(-nen)	m/f	doctor
aufsammeln	v	to pick up
aufstehen	v	to stand up, get up
Auge(-n)	nt	eye
Auktionshaus	nt	auction house
ausfallen	v	to fall out
ausgeben	v	to spend (money)
Ausland	nt	abroad
ausmachen	v	to switch off
Aussehen	nt	appearance
Ausstellung(-en)	f	exhibition

B

Babysitter(-) / Babysitterin(-nen)	m/f	babysitter
Backofen(¨)	m	oven

Bademeister(-) / Bademeisterin(-nen)	m/f	lifeguard
baden	v	to have a bath
bald	adv	soon
Band(-s)	f	band
Batterie(-n)	f	battery
Bauch(¨e)	m	stomach
bauen	v	to build
Baum(¨e)	m	tree
bearbeiten	v	to work on, process
bedenken	v	to consider
begabt	adj	talented
beide	adj	both
Behinderte(-n)	m/f	disabled
Bein(-e)	nt	leg
bekannt	adj	famous, well-known
bekommen	v	to get
beliebt	adj	popular
(sich) bemühen	v	to try hard
Benefizkonzert(-e)	nt	charity concert
Benefizlauf(¨e)	m	charity run
Berg(-e)	m	mountain
bergig	adj	mountainous
Bergklima(-s)	nt	mountain climate
Beruf(-e)	m	career, job
berühmt	adj	famous
bescheiden	adj	modest
besonders	adv	particularly, especially
besteigen	v	to climb
bestimmen	v	to decide, determine
bestimmt	adj	certain
Besucher(-)	m	visitor
betonen	v	to stress
beugen	v	to bend
Bevölkerung(-en)	f	population
bevor	conj	before
(sich) bewegen	v	to move
(sich) bewerben	v	to apply
bewerten	v	to evaluate
bezahlen	v	to pay
Bildung(-en)	f	education

bitten	v	to ask
Bleistift(-e)	m	pencil
Blut	nt	blood
Blutspende(-n)	f	blood donation
Boden(¨)	m	ground
Boot(-e)	nt	boat
böse	adj	evil, angry
brechen	v	to break
breit	adj	wide
Brennnessel(-n)	f	nettle
Brunnen(-)	m	well
bügeln	v	to iron
Bungee-Springen	nt	bungy-jumping
bunt	adj	colourful
Bürgermeister(-)	m	mayor
Büro(-s)	nt	office

C

CD-Hülle(-n)	f	CD-cover
Charaktereigenschaft (-en)	f	character trait
chillen	v	to relax
Chor(¨e)	m	choir

D

danach	adv	afterwards
Dance-Musik	f	dance music
Datum (Daten)	nt	date
definitiv	adv	definitely
deprimierend	adj	depressing
detailliert	adj	detailed
dienen	v	to serve
Doppelalbum (Doppelalben)	nt	double album
Doppelzimmer(-)	nt	double room
dreckig	adj	filthy, dirty
dumm	adj	stupid
dünn	adj	thin
duzen	v	to call someone du
dynamisch	adj	dynamic, energetic

E

egal	adj	no matter
Ehe(-n)	f	marriage
ehrenamtlich	adv	as a volunteer

eigen	adj	own
eigentlich	adv	actually
Eingang(¨e)	m	entrance
Einkommen(-)	nt	income
Einwilligung(-en)	f	consent
Eisklettern	nt	ice climbing
elektrisch	adj	electric
Elektrogerät(-e)	nt	electrical appliance
Elternsache(-n)	f	a matter for parents
Emotion(-en)	f	emotion
endlich	adv	finally
Energie	f	energy
energiegeladen	adj	full of energy
entfernt	adj	away, distant
Entscheidung(-en)	f	decision
Erfolg(-e)	m	success
erfolgreich	adj	successful
erhellen	v	to brighten up
Erinnerung(-en)	f	memory
erkennen	v	to recognise
erklären	v	to explain
erschrocken	adj	frightened
Erwachsene(-n)	m/f	adult
Erwartung(-en)	f	expectation
erzählen	v	to tell
europäisch	adj	European
Esszimmer(-)	nt	dining room
expressionistisch	adj	expressionist

F

Fahrkurs(-e)	m	driving course
Fahrradfahrt(-en)	f	bike ride
Fallschirm(-)	m	parachute
Farbe(-n)	f	colour
feige	adj	cowardly
finden	v	to find
flach	adj	flat
Flasche(-n)	f	bottle
Fledermaus(¨e)	f	bat
fließen	v	to flow
Flugzeug(-e)	nt	plane
Fluß(¨sse)	m	river
folgen	v	to follow

folgend	adj	following
Formular(-e)	nt	form
Fotoalbum(-en)	nt	photo album
Fotograf(-en) / Fotografin(-nen)	m/f	photographer
fotografieren	v	to photograph
frei	adj	free
Freiluftkonzert(-e)	nt	open air concert
Fremdsprache(-n)	f	foreign language
fressen	v	to eat (animals)
(sich) freuen	v	to be pleased
Fuchs(¨e)	m	fox
Fuß(¨ße)	m	foot
Fußballprofi(-s)	m	footballer
Fußballmanschaft(-en)	f	football team

G

Gebäude	nt	building
Geburt	f	birth
Geburtsdatum(-en)	nt	date of birth
Geburtstagsparty(-s)	f	birthday party
gefährlich	adj	dangerous
gegen	prep	against
Gegend(-en)	f	area, site
Gegenwart	f	present
Geige	f	violin
Gelände(-)	nt	grounds
gelassen	adj	relaxed
Geld	nt	money
gemeinsam	adj	joint
Gemüse(-)	nt	vegetables
gerade	adv	just
Gesang	m	singing
Gesicht(-er)	nt	face
Gesundheit	f	health
Gewicht	nt	weight
Gewinner(-)	m	winner
giftig	adj	poisonous
Gitarre(-n)	f	guitar
Gitarrist(-en) / Gitarristin(-nen)	m/f	guitarist
Glaube(-n)	m	belief
Glaubenssystem(-e)	nt	belief system
gleich	adj	same

Gletscher(-)	m	glacier
glücklicherweise	adv	fortunately
Gott("er)	m	god
gratulieren	v	to congratulate
grenzen	v	to border
Grenze(-n)	f	border
großzügig	adj	generous
gründen	v	to found
Grundschule(-n)	f	primary school
Gummistiefel(-)	m	wellies
Gymnastin(-nen)	f	gymnast

H

Hahn("e)	m	cockerel
Haifisch(-e)	m	shark
Hand("e)	f	hand
hart	adj	hard
Hase(-n)	m	hare
hassen	v	to hate
hässlich	adj	ugly
Hauptschule(-n)	f	secondary school
Hauptstadt("e)	f	capital city
Haustier(-e)	nt	pet
heben	v	to lift
Heft(-e)	nt	exercise book
Heimatstadt("e)	f	home town
heiraten	v	to marry
Helfer(-)	m	helper
heulen	v	to howl
hier	adv	here
hilfsbereit	adj	helpful
Hilfsorganisation(-en)	f	aid organisation
(sich) hinlegen	v	to lie down
(sich) hinsetzen	v	to sit down
Hintergrund("e)	m	background
Hip-Hop	m	hip-hop
Hit(-s)	m	hit
hoffen	v	to hope
Höhe(-n)	f	height
Hotelgast("e)	m	hotel guest
Hundeausführer(-) / Hundeausführerin(-nen)	m/f	dog walker

I

Idol(-e)	nt	idol
immer noch	adv	still
Industrie(-n)	f	industry
informieren	v	to inform
inspirieren	v	to inspire
inspirierend	adj	inspirational
Instrument(-e)	nt	instrument

J

Jazzmusik	f	jazz
jodeln	v	to yodel
Jugendliche(-n)	m/f	young person
Jugendschutzgesetz(-e)	nt	young people's law

K

Kaiser(-) / Kaiserin(-nen)	m/f	emperor / empress
Kakerlak(-en)	m	cockroach
Käppchen(-)	nt	hood
Karte(-n)	f	map; ticket; card
katalanisch	adj	catalan
Kellner(-) / Kellnerin (-nen)	m/f	waiter / waitress
Keyboard(-s)	nt	keyboard
Kinderkrippe(-n)	f	crèche
Kindersendung(-en)	f	children's programme
Kindheit	f	childhood
Kinn(-e)	nt	chin
kitschig	adj	corny
Klarinette(-n)	f	clarinet
Klassenkameraden	(pl)	classmates
Klassentier(-e)	nt	class pet
Klassenzimmer(-)	nt	classroom
Klassische Musik	f	classical music
Klavier(-e)	nt	piano
Klima(-s)	nt	climate
klingen	v	to sound
klug	adj	clever
knapp	adv	scarcely
Knie(-)	nt	knee
Komiker(-)	m	comedian
komponieren	v	to compose

Komponist(-en)	m	composer		Lieblingssportler(-) / Lieblingssportlerin(-nen)	m/f	favourite athlete
König(-e) / Königin(-nen)	m/f	king / queen		Lieblingstier(-e)	nt	favourite animal
Konzertreise(-n)	f	concert tour		Lied(-er)	nt	song
Kopf(-̈e)	m	head		liegen	v	to lie
Körper	m	body		liegend	adj	lying
Körperteil	m	part of the body		Lottoschein (-e)	m	lottery ticket
Kosten	(pl)	costs				

M

Krankenhaus(-̈er)	nt	hospital				
kreativ	adj	creative		Maler(-) / Malerin(-nen)	m/f	painter
Kriterien	(pl)	criteria		Mann(-̈er)	m	man
Küche(-n)	f	kitchen		Märchen(-)	nt	fairy tale
Küchenhilfe	f	kitchen help		Medaille(-n)	f	medal
kühn	adj	daring		Medien	(pl)	media
kultivieren	v	to grow		Medieninteresse(-n)	nt	media interest
Kunstgalerie(-n)	f	art gallery		meinen	v	to believe, think
Künstler(-) / Künstlerin (-nen)	m/f	artist		Meinung(-en)	f	opinion
				meistens	adv	mostly
Kunststil(-e)	m	style of art		Melodie(-n)	f	melody, tune

L

				melodisch	adj	tuneful
lächeln	v	to smile		Menschen	(pl)	people
Landschaft(-en)	f	countryside		Menschenrechte	(pl)	human rights
laufen	v	to run, walk		Mischung(-en)	f	mixture
Leben(-)	nt	life		mitbringen	v	to bring with you
Lebenslauf(-̈e)	m	CV		Mitglied(-er)	nt	member
Lebensstandard	m	standard of living		mitnehmen	v	to take along
legendär	adj	legendary		mitsingen	v	to sing along
Leute	(pl)	people		Modenschau(-en)	f	fashion show
Lieblingsband(-s)	f	favourite band		Moderator(-en) / Moderatorin(-nen)	m/f	presenter
Lieblingsbuch(-̈er)	nt	favourite book				
Lieblingsessen(-)	nt	favourite food		Mofa(-s)	nt	moped
Lieblingsfach(-̈er)	nt	favourite subject		Möglichkeit(-en)	f	possibility
Lieblingsfilm(-e)	m	favourite film		momentan	adv	at the moment
Lieblingsgeschichte(-n)	f	favourite story		Monat(-e)	m	month
Lieblingshobby(-s)	nt	favourite hobby		monoton	adj	monotonous
Lieblingskleidung(-)	f	favourite clothes		Morgen(-)	m	morning
Lieblingskuscheltier(-e)	nt	favourite cuddly toy		müde	adj	tired
Lieblingslied(-er)	nt	favourite song		Müll(-)	m	rubbish
Lieblingsmaler(-)	m	favourite painter		Müller(-)	m	miller
Lieblingsname(-n)	m	favourite name		Mund(-̈er)	m	mouth
Lieblingssache(-n)	f	favourite thing		Musiker(-) Musikenn(nen)	m/f	musician
Lieblingssänger(-) / Lieblingssängerin(-nen)	m/f	favourite singer				
				Musikraum(-̈e)	m	music room
Lieblingsspielzeug(-)	nt	favourite toy		Musikunterricht	m	music lesson

mutig	adj	brave
Mutti(-s)	f	mum
Mütze(-n)	f	cap

N

Nachbarland(¨er)	nt	neighbouring country
nächster/nächste/nächstes	adj	next
Nacht(¨e)	f	night
Nachteil(-e)	m	disadvantage
Nase(-n)	f	nose
Nasenpiercing(-s)	nt	nose piercing
Natur(-)	f	nature
natürlich	adv	of course
negativ	adj	negative
nett	adj	nice
Neuseeland	npr	New Zealand
nicht	adv	not
niemals	adv	never
noch mal	adv	again
Norwegen	npr	Norway
Not(¨e)	f	need, emergency
nötig	adj	necessary
nutzen	v	to use

O

Obst(-)	nt	fruit
Ochse(-n)	m	ox
öffnen	v	to open
Ohr(-en)	nt	ear
Öko-Produkte	(pl)	eco-friendly products
Onkel(-)	m	uncle
Oper(-n)	f	opera
organisieren	v	to organise
Österreich	npr	Austria

P

Partnerschaft(-en)	f	partnership
passieren	v	to happen
Pech	nt	tar; bad luck
peinlich	adj	embarassing
Pflicht(-en)	f	duty
Pfund(-)	nt	pound

Piercing(-s)	nt	piercing
Pilot(-en) / Pilotin(-nen)	m/f	pilot
Piste(-n)	f	ski run
Platz(¨e)	m	place
Po(-s)	m	bottom
poetisch	adj	poetic
Politiker(-) / Politikerin(-nen)	m/f	politician
Popmusik	f	pop music
positiv	adj	positive
Prinz(-en) / Prinzessin(-nen)	m/f	prince / princess
Privatleben(-)	nt	private life
pro	prep	per
Prozent(-e)	nt	percent
Prüfung(-en)	f	exam
Punkt(-e)	m	point
Puppe(-n)	f	doll

R

R&B-Musik	f	R&B music
Rap-Musik	f	rap
raten	v	to guess
Ratte(-n)	f	rat
Räuber(-)	m	robber
Raumschiff(-e)	nt	spaceship
Rechner(-)	m	calculator
recyceln	v	to recycle
reduzieren	v	to reduce
Regel(-n)	f	rule
regelmäßig	adj	regular
Regenwald(¨er)	m	rainforest
Regierung(-en)	f	government
regnerisch	adj	rainy
reich	adj	rich
reif	adj	ripe
Reise(-n)	f	journey
Reiter(-)	m	rider
reisen	v	to travel
Rennfahrer(-) / Rennfahrerin(-nen)	m/f	racing driver
reservieren	v	to reserve
respektieren	v	to respect
retuschieren	v	to airbrush, retouch

German	Gender/Type	English
Rezeption(-en)	f	reception
Rezeptionist(-en) / Rezeptionistin(-nen)	m/f	receptionist
Rhythmus(-en)	m	rhythm
riechen	v	to smell
Rockmusik	f	rock music
Rolle(-n)	f	role
Rollstuhl(̈-e)	m	wheelchair
Rücken(-)	m	back
Rucksack(̈-e)	m	rucksack
rückwärts	adv	backwards
Russland	npr	Russia

S

German	Gender/Type	English
Saison(-s)	f	season
Saxofon(-e)	nt	saxophone
schaffen	v	to make, create, achieve, manage
Schauspieler(-) / Schauspielerin(-nen)	m/f	actor / actress
scheinen	v	to shine
Schläger	m	bat
Schlagzeug(-e)	nt	drums
Schlange(-n)	f	snake
Schulchor	m	school choir
Schulmannschaft(-en)	f	school team
Schulorchester(-)	nt	school orchestra
Schulprojekt(-e)	nt	school project
Schulsachen	(pl)	school things
Schulter(-n)	f	shoulder
Schultüte(-n)	f	school bag
Schulweg(-)	m	way to school
schütteln	v	to shake
Schweigen	nt	silence
Schwein(-e)	m	pig
Schweiz	npr	Switzerland
sehr	adv	very
Sekundarschule(-n)	f	secondary school
selbst	pron	yourself
selbstbewusst	adj	(self-)confident
selbstlos	adj	selfless
selbstständig	adj	independent
Sendung(-en)	f	programme
sentimental	adj	sentimental

German	Gender/Type	English
seriös	adj	serious
sicher	adj	safe
sicher	adv	certainly
Sicherheit	f	security, safety
sinken	v	to fall, sink
sitzen	v	to sit
Skilehrer(-) / Skilehrerin(-nen)	m/f	ski instructor
Skiort(-e)	m	ski resort
Skiverleih	m	ski hire
Skizzenbuch(̈-er)	nt	sketch book
Soldat(-en)	m	soldier
Sommer	m	summer
Sommerpläne	m(pl)	plans for the summer
sortieren	v	to sort
sowieso	adv	anyway, in any case
sparen	v	to save
Spaß	m	fun
spenden	v	to give, donate
Spenden	f(pl)	donations
Spezialität(-en)	f	speciality
Spiegel(-)	m	mirror
Spielzeug	nt	toys
sponsern	v	to sponsor
Sport	m	sport
Sportgeschäft(-e)	nt	sports shop
Sprachkurs(-e)	m	language course
sprachlos	adj	speechless
springen	v	to jump
Spule(-n)	f	spool
stabil	adj	stable
stark	adj	strong
statt	conj	instead of
steigen	v	to climb
sterben	v	to die
Stern(-e)	m	star
Stiefel(-)	m	boots
Stiefmutter(̈)	f	step-mother
Stieftochter(̈)	f	step-daughter
Stil(-e)	m	style
stimmen	v	to be true
Straße(-n)	f	street

(sich) strecken	v	to stretch (yourself)
streng	adv	strongly
Studie(-n)	f	study
studieren	v	to study
stundenlang	adv	for hours on end
Südpol	npr	south pole
Symbolkraft	f	symbolic power
Szene(-n)	f	scene

T

Tanzstunde(-n)	f	dance lesson
(sich) tätowieren lassen	v	to have a tattoo
Technik(-en)	f	technology
teilnehmen	v	to take part
Teilzeitjob(-s)	m	part-time job
Temperatur(-en)	f	temperature
Termin(-e)	m	date
Theaterwissenschaften	f(pl)	drama
Thema(-en)	nt	topic
Themse	npr	Thames
Theologie	f	theology
Tochter(-)	f	daughter
toll	adj	great
tot	adj	dead
töten	v	to kill
Tournee(-s)	f	tour
Trainer(-)	m	coach
trainieren	v	to train
Transportkosten	(pl)	transport costs
Traumjob(-s)	m	dream job
Trauminsel(-n)	f	dream island
traurig	adj	sad
trinken	v	to drink
Trommler(-)	m	drummer
Trompete(-n)	f	trumpet
tropisch	adj	tropical
Turm(-e)	m	tower
Turner(-) / Turnerin(-nen)	m/f	gymnast

U

Übung(-en)	f	exercise
Ultraschallbild(-er)	nt	ultrasound picture
um	prep	around

umbauen	v	to convert
Umgangssprache	f	slang
umweltfreundlich	adj	environmentally friendly
unbedingt	adv	definitely, without fail
Unfall(-e)	m	accident
ungefähr	adv	approximately
ungepflegt	adj	scruffy
unnatürlich	adj	unnatural
unregelmäßig	adj	irregular
untergehen	v	to go down
unterhaltsam	adj	entertaining
Unterricht	m	lessons, classes
unterschiedlich	adj	different, variable

V

verändern	v	to change
verbessern	v	to improve
verbrennen	v	to burn
verbringen	v	to spend (time)
verdienen	v	to earn
Verein(-e)	m	club
vergessen	v	to forget
Vergleich(-e)	m	comparison
vergleichen	v	to compare
Vergrößerung(-en)	f	expansion
sich verletzen	v	to hurt, injure oneself
verlieren	v	to lose
vielfarbig	adj	multi-coloured
vielleicht	adv	perhaps
Vogel(-)	m	bird
voll	adj	full
(sich) darauf vorbereiten	v	to prepare for it
Vorbild(-er)	nt	role model, idol
Vordergrund	m	foreground
vorsichtig	adj	cautious

W

wach	adj	awake
Wahnsinn!	exclam	Madness!
wahr	adj	true
Wald(-er)	m	wood, forest

Wann...?	interrog	When...?
warm	adv	warmly
warten	v	to wait
Was für...?	interrog	What type of...? / What sort of...?
Waschraum(¨e)	m	washroom
Wasser	nt	water
Wasserfall(¨e)	m	waterfall
Wasserrutsche(-n)	f	water slide
Wasserstelle(-n)	f	water point
wechseln	v	to change
weg	adv	away
weich	adj	soft
Weide(-n)	f	pasture
Weitsprung	m	long jump
weinen	v	to cry
Wellnessbereich(-e)	m	spa
Welt(-en)	f	world
Weltkrieg(-e)	m	World War
Weltmeisterschaft(-en)	f	world championship
Weltmusik	f	world music
Weltrekord(-e)	m	world record
weltweit	adj	all over the world, worldwide
weniger	adj/adv	less, fewer
Werbung(-en)	f	advert, publicity
Wettbewerb(-e)	m	competition
Wetter	nt	weather
wichtig	adj	important
wiegen	v	to weigh
Wiese(-n)	f	meadow
Winterferien	(pl)	winter holidays
wirklich	adv	really
Wirkung(-en)	f	effect
Wirtschaft(-en)	f	economy
wissen	v	to know
Wissenschaft(-en)	f	science
wohltätig	adj	charitable
Wohltätigkeit	f	charity
Wohnraum(¨e)	m	living room
Wohnung(-en)	f	flat
Wohnzimmer(-)	nt	living room

Wolf(¨e)	m	wolf
wollen	v	to want
Wort(¨er)	nt	word
wünschen	v	to wish
Wüste(-n)	f	desert

Z

zahlen	v	to pay
zählen	v	to count
Zahnfee(-n)	f	tooth fairy
Zeitungsausträger(-) / Zeitungsausträgerin (-nen)	m/f	newspaper delivery boy / newspaper delivery girl
Zentrale(-n)	f	head office
zerstören	v	to spoil
ziemlich	adv	quite
Zimmer(-)	nt	room
Zirkus(-se)	m	circus
zufrieden	adj	content
Zuhörer(-)	m	listener
Zukunft	f	future
Zukunftspläne	m(pl)	future plans
zustimmen	v	to agree
zweiköpfig	adj	two-headed
Zwerg(-e)	m	dwarf
zwischen	prep	between

Anweisungen

Beantworte die Fragen (auf Englisch/Deutsch).	Answer the questions (in English/German).
Benutze ...	Use ...
Beschreib ...	Describe ...
Diskutiere ...	Discuss ...
Ersetze die unterstrichenen Wörter.	Replace the underlined words.
Finde (in den Sätzen) die Fehler.	Find the mistakes (in the sentences).
Finde (die Paare).	Find (the pairs).
Füll die Lücken aus.	Fill in the gaps.
Gruppenarbeit.	Group work.
Hör dir (das Interview) an.	Listen to (the interview).
Hör noch mal zu.	Listen again.
Hör zu (und wiederhole/vergleiche).	Listen (and repeat/compare).
Korrigiere ...	Correct ...
Lies (den Reim) vor.	Read (the rhyme) aloud.
Lies (den Text/die Texte/das Interview).	Read (the text/the texts/the interview).
Lies (den Text/die E-Mail) noch mal.	Read (the text/the email) again.
Mach Dialoge über ...	Create dialogues about ...
Mach ein Interview.	Conduct an interview.
Mach eine (kurze) Präsentation.	Do a (short) presentation.
Mach Notizen (auf Englisch).	Make notes (in English).
Notiere ...	Note down ...
Partnerarbeit.	Pair work.
Präsentiere ...	Present ...
Rate mal.	Guess.
Richtig oder falsch?	True or false?
Schlag (im Wörterbuch) nach.	Check (in the dictionary).
Schreib (den richtigen Buchstaben/die Wörter) auf.	Write down (the correct letter/the words).
Schreib (einen Bericht/eine E-Mail).	Write (a report/an email).
Schreib ... ab.	Copy ...
Schreib die Tabelle ab und füll sie aus.	Copy and complete the table.
Sieh dir (die Bilder/das Foto) an.	Look at (the pictures/the photo).
Sieh dir den Text noch mal an.	Look at the text again.
Sprich die Wörter aus.	Pronounce the words.
Sprich über ...	Talk about ...
Stell und beantworte Fragen.	Ask and answer questions.
Tauscht die Rollen.	Switch roles.
Überprüfe ...	Check ...
Übersetze ...	Translate ...
Verbinde (die Sätze/die Satzhälften/die Wörter).	Join (the sentences/the sentence halves/the words).
Vergleiche (die Antworten mit einem Partner/einer Partnerin).	Compare (your answers with a partner).
Vervollständige die Sätze.	Complete the sentences.
Wähl (eine Person/die richtige Antwort) aus.	Choose (a person/the right answer).
Wähl aus dem Kasten.	Choose words from the box.
Was ist deine Meinung?	What is your opinion?
Was ist die richtige Reihenfolge?	What is the correct order?
Was passt zusammen?	Match the pairs.
Welcher/Welche/Welches ...?	Which ...?
Welche Wörter fehlen?	Which words are missing?
Wer/wie/wo/wie viel ...?	Who/how/where/how much/many ...?
Wiederhole (Aufgabe 6).	Repeat (exercise 6).
Wie heißt das auf Deutsch/Englisch?	What is it in German/English?
Wie sagt man ...?	How do you pronounce ...?